PE/VC投资、股权结构与企业绩效

——来自A股上市公司的经验证据

毛剑峰◎著

九 州 出 版 社

JIUZHOUPRESS

图书在版编目（CIP）数据

PE/VC 投资、股权结构与企业绩效：来自 A 股上市公司的经验证据／毛剑峰著．－－北京：九州出版社，2019.12

ISBN 978－7－5108－8728－4

Ⅰ.①P… Ⅱ.①毛… Ⅲ.①上市公司—股权结构—研究—中国②上市公司—企业绩效—研究—中国 Ⅳ.①F279.246

中国版本图书馆 CIP 数据核字（2020）第 001884 号

PE/VC 投资、股权结构与企业绩效：来自 A 股上市公司的经验证据

作　　者	毛剑峰　著
出版发行	九州出版社
地　　址	北京市西城区阜外大街甲 35 号（100037）
发行电话	（010）68992190/3/5/6
网　　址	www.jiuzhoupress.com
电子信箱	jiuzhou@jiuzhoupress.com
印　　刷	三河市华东印刷有限公司
开　　本	710 毫米×1000 毫米　16 开
印　　张	11.5
字　　数	155 千字
版　　次	2019 年 12 月第 1 版
印　　次	2020 年 3 月第 2 次印刷
书　　号	ISBN 978－7－5108－8728－4
定　　价	58.00 元

前　言

　　1946 年，美国成立了世界上第一家私募股权投资和风险投资机构，此后 PE/VC 得到了快速的发展。PE/VC 通过在资金、公司治理、商业模式等方面支持被投资企业，促进企业的快速发展。在 PE/VC 的支持下，美国诞生了雅虎、微软、苹果、英特尔、谷歌、亚马逊等许多世界级著名企业。由于我国长时间实行计划经济，直到 1985 年才在政府的支持下成立首家 PE/VC 投资机构，发展时间较短。然而，近年来随着我国中小板、创业板特别是新三板的推出，我国 PE/VC 在募资金额、所投项目数和资金量方面都出现了快速的增长，有些地方甚至出现全民加入 PE/VC 投资的现象，在我国上市公司特别是在中小板和创业板上市的民营企业当中，接受过 PE/VC 投资的已经达到了较高的比例。自 Berle & Means 的经典之作《现代公司与私有财产》拉开了企业现代公司治理研究的序幕之后，国内外兴起了公司治理问题的研究热潮。公司治理作为确保企业发展的一种基础性制度安排，无论是大型企业还是中小企业，国有企业还是民营企业，其公司治理水平的高低不仅会影响企业股东等利益相关者的切身利益，而且还会影响企业的长远发展，而企业的股权结构是公司治理的核心问题。与美国等发达国家相比，我国上市公司的股权结构存在相当大的差异。2004 年和 2009 年，我国在深圳交易所相继推出中小板和创业板，2005 年，中国证监会推进上市公司股权分置改革。在深圳交易所中小板和创业板上市的企业有一个重要特点是企业性质几乎是非国有企业，而且许多企业引入了 PE/VC 投资，这与原来上市公司的股权结构和原来极少公司有 PE/VC 投资的情况有很大的不同。我国上市公司股权结构与之前有很大区别，以及许多企业引入了 PE/VC 投资的背景，对研究 PE/VC 投资、股权结构对企业绩效的影响显得尤为必要。

本书在广泛借鉴国内外相关研究文献的基础上，以 PE/VC 投资为调节变量，实证分析 PE/VC 投资、股权结构对企业绩效的影响。以委托代理理论、公司治理理论、PE/VC 功效假说理论、激励理论和契约理论为理论基础，对 PE/VC 投资、股权结构对企业绩效影响的机理进行分析。以中国沪深 A 股上市公司为研究样本，在文献综述、理论分析和提出相关研究假设的基础上，综合应用描述性统计、Pearson 相关性分析、多元回归分析等方法，利用 SPSS、Excel 等统计工具，围绕 PE/VC 投资、股权结构对企业绩效的影响这一研究主题，主要完成了以下研究工作。

一是构建 PE/VC 投资、股权结构对企业绩效影响的机理。企业的股权结构决定了企业股东以及股东大会，进而决定了企业董事会、监事会和管理层的组成，而股东大会、监事会和管理层是公司治理结构的利益主体。因此，股权结构决定企业的性质，决定企业的利益分配模式和组织结构模式，是公司治理的基础，从而影响企业绩效。股权结构对企业绩效产生影响的途径主要是外部与内部治理机制，产生的外部治理机制主要是外部代理权竞争、接管机制，而产生的内部治理机制主要是监督和激励机制。企业引入 PE/VC 投资之后，一方面改变了被投资企业的股权结构，另一方面向被投资企业提供公司上市、人力资源管理、企业运营、管理咨询、技术创新等增值服务，从而影响企业绩效。

二是分析了企业股权结构对企业绩效影响。本书基于委托代理理论、公司治理理论等理论基础，将企业股权结构分为股权集中度、股权制衡度、内部人持股三个维度，并以此为基础对股权结构和企业绩效的关系进行理论分析，提出了相关研究假设。然后，构建计量经济学模型，运用分组检验、描述性统计、Pearson 相关性分析、多元回归分析等研究方法对企业股权集中度、股权制衡度、内部人持股对企业绩效的影响进行分析。

三是分析了 PE/VC 投资对股权结构与企业绩效关系的调节作用。本书在股权集中度、股权制衡度、内部人持股与企业绩效之间引入了 PE/VC 投资这个调节变量，在进行理论分析和提出研究假设的基础上，运用分组检验、描述性统计、Pearson 相关性分析、多元回归分析等研究方法进行了实证检验，由此揭示了 PE/VC 投资对股权结构与企业绩效关系的调节作用机制。

通过上述的理论分析和实证检验，本书主要得出了以下结论：一、企业股权集中度、股权制衡度、内部人持股均与企业绩效呈正相关关系。本书基于委托代理理论、公司治理理论等理论基础，将企业股权结构分为股权集中度、股权制衡度、内部人持股三个维度，在进行理论分析和提出研究假设的基础上，运用分组检验、描述性统计、Pearson 相关性分析、多元回归分析的方法分别检验了企业股权集中度、股权制衡度、内部人持股对企业绩效的影响。二、PE/VC 投资对企业股权集中度、股权制衡度和企业绩效关系有正向的调节作用，对企业内部人持股与企业绩效关系有负向的调节作用。本书基于委托代理理论、公司治理理论、PE/VC 功效假说理论等理论基础，在进行理论分析和提出研究假设的基础上，以 PE/VC 投资持股比例作为调节变量，运用分组检验、描述性统计、Pearson 相关性分析、多元回归分析的方法分别检验了 PE/VC 投资对股权集中度、股权制衡度、内部人持股和企业绩效关系的调节作用。

本书从 PE/VC 投资视角对股权结构与企业绩效的关系进行了研究，开辟了股权结构与企业绩效关系研究新视野，拓展了公司治理理论的应用领域，为解决企业公司治理结构影响企业绩效提供了新的思路。

目　录
CONTENTS

第一章

绪　论

第一节　研究背景与选题意义

一、研究背景

私募股权投资①（PE，Private Equity），分为广义的私募股权投资和狭义的私募股权投资。广义的私募股权投资是指为非上市为主的企业提供中长期权益性质的资金，积极帮助被投资企业发展，最终通过在资本市场 IPO、出售或转让被投资企业的股权实现退出。狭义的私募股权投资往往仅指企业为进行并购活动尤其是采用杠杆收购中的权益性质的投资。风险投资（VC，Venture Capital），又叫创业投资，根据美国风险投资协会（NVCA）的定义，风险投资是

---

① 私募股权投资译为 Private Equity，简称 PE；风险投资译为 Venture Capital，简称 VC。为写作方便，书中直接用 PE 代表私募股权投资，用 VC 代表风险投资，用 PE/VC 代表私募股权投资/风险投资。

指由职业金融家投入到新兴的、迅速发展的、有巨大竞争潜力的企业的一种权益性质的投资。欧洲风险投资协会（EVCA）则认为风险投资是一种由专门的投资公司，向具有很大发展潜力的成长型企业或扩张型、重组型的未上市为主的企业，提供资金支持和企业管理等增值服务的一种投资行为。国际经济合作与发展组织（OECD）1996年在其发表的《风险投资与创新》研究报告中认为风险投资是一种向具有很大发展潜力的创业型企业或中小型企业提供企业发展所需要资金的一种投资行为。在企业发展的过程中，PE/VC已经成了一种非常重要的企业融资方式。不少处于成长阶段的中小企业由于缺乏有效的抵押资产，通过传统商业银行取得贷款进行融资很难，因而这些企业的发展受到限制。PE/VC拓宽了企业的股权融资渠道，加大了企业股权融资在企业所有融资中的比例。

　　1946年，美国成立了世界上第一家PE/VC投资机构，此后PE/VC得到了快速的发展。PE/VC通过在资金、公司治理、商业模式、公司战略管理、资本市场融资等方面支持被投资企业，从而促进被投资企业的发展。在PE/VC的支持下，美国诞生了雅虎、微软、苹果、英特尔、谷歌、亚马逊等许多世界级著名企业。由于我国长时间实行计划经济，直到1985年才在政府的支持下成立首家PE/VC投资机构，发展时间较短。1985年，我国国家科学技术委员会①等中央部委颁布了《中共中央关于科学技术体制改革的决定》的文件，允许高新技术开发产业中的企业可以引入风险投资以在资金等方面支持企业发展。同时成立我国第一家PE/VC投资机构——中国新科

————————————

　　① 现为国家科技部。

技创业投资公司。随着第一家 PE/VC 投资公司的成立，北京、深圳、苏州等一些经济比较发达地方的政府先后成立 PE/VC 投资公司来支持高新技术企业的科技孵化和产业化，如深圳市创新投资集团有限公司①等。进入 20 世纪 90 年代，红杉资本集团、华登国际投资集团、软银集团、国际数据集团等国际著名的 PE/VC 机构也相继进入中国。近年来，随着我国中小板、创业板特别是新三板的推出，我国 PE/VC 在募资金额总额、所投项目数量和资金量方面都出现非常快速的增长，有些地方甚至出现全民加入 PE/VC 投资的现象。然而，由于我国 PE/VC 行业起步较晚、发展时间不长等原因，我国 PE/VC 投资行业仍处于探索的初级阶段，PE/VC 投资的相关法律法规还不够完善，PE/VC 投资机构特别是国内成立时间不久的 PE/VC 投资机构人员的投资专业化水平还不高，这些因素都有可能制约我国 PE/VC 行业的发展。

1932 年，Berle、Means 的经典之作《现代公司与私有财产》在对美国企业分析之后，首次提出现代企业中普遍存在着企业所有权与经营权分离的问题并分析了企业所有权与经营权分离的具体原因。Berle 和 Means 拉开了企业现代公司治理研究的序幕，此后，企业公司治理问题成为各国专家学者研究的热点问题之一。公司治理是企业的一种基础性制度安排，一个企业无论是大型企业或是中小企业，国有企业或是民营企业，其公司治理的水平都会影响到企业股东、管理层、债权人等利益相关者的利益，是企业长期发展的基础。专家学者从企业股权结构、董事会、监事会、管理层激励约束机制等

---

① 深圳市创新投资集团有限公司的前身为深圳市创新科技投资有限公司。

方面对公司治理做了较多的研究，然而，企业的股权结构是公司治理的核心问题。这是因为企业股权结构决定企业股东以及股东大会，进而决定了企业董事会、监事会和管理层的组成，而股东大会、监事会和管理层是公司治理结构的利益主体。因此，企业股权结构决定企业的产权性质，决定企业的剩余索取权，进而决定企业的利益分配模式和企业组织结构模式，因而是企业公司治理的基础。一个企业只有具有合法、合理的股权结构，才会有合理的公司治理结构，其对企业绩效和企业的长远发展都具有非常重要的意义。

与美国等发达国家相比，我国上市公司的股权结构存在相当大的差异，股权结构最显著的特点是股权分置、一股独大和国有企业占比较多。2005 年之后，中国证监会对上市公司推进股权分置改革，企业非流通股比例大幅降低，上市公司股权分置、一股独大的现象有所缓解。2004 年和 2009 年，我国在深圳交易所相继推出中小板和创业板，为中小企业在资本市场融资提供了大力支持，提高了企业直接融资的比例。在深圳交易所中小板和创业板上市的企业有一个重要特点是企业性质几乎都是非国有企业，而且许多企业引入了 PE/VC 投资，这与原来上市公司很大比例是国有企业和极少公司有 PE/VC 投资的情况有很大的不同。我国上市公司股权结构与之前有很大区别以及许多企业引入了 PE/VC 投资的背景，为本书从 PE/VC 投资的视角研究股权结构与企业绩效的关系提供了重要的实验场所。

二、选题意义

从理论意义来看，本书选题有三个方面的影响。第一，从企业股权集中度、股权制衡、内部人持股三个视角分析股权结构对企业绩效的影响，进一步充实了股权结构理论对企业绩效的分析框架，为研究股权结构对企业绩效影响提供了新的视角，既完善了股权结构理论，又丰富了股权结构理论的内容。第二，结合 PE/VC 投资后的企业股权结构对企业绩效影响的特殊性，以 PE/VC 投资作为调节变量，运用分组检验、描述性统计、Pearson 相关性分析、多元回归分析的方法分别检验了 PE/VC 投资对股权集中度、股权制衡度、内部人持股和企业绩效关系的调节作用，完善和丰富了股权投资和股权结构理论的内容。第三，选取中国 A 股上市公司为样本，对股权结构对企业绩效的影响以及 PE/VC 投资对其的调节作用进行了实证检验，充实了当前我国学术界在该领域的研究。

从实际意义来看，本书选题有三个方面的影响。第一，公司治理是企业的一种基础性制度安排，一个企业无论是大型企业或是中小企业，国有企业或是民营企业，其公司治理的水平都会影响到企业股东、管理层、债权人等利益相关者的利益，是企业长期发展的基础。企业的股权结构是公司治理的核心问题，这是因为企业股权结构决定企业股东以及股东大会，进而决定了企业董事会、监事会和管理层的组成，而股东大会、监事会和管理层是公司治理结构的利益主体。因此，企业股权结构决定企业的产权性质，决定企业的剩余索取权，进而决定企业的利益分配模式和企业组织结构模式，因而是企业公司治理的基础。从企业股权集中度、股权制衡、内部人持股三个视角分析股权结构对企业绩效的影响，可以为完善企业的股权结构提供参考，提高企业的经营绩效，对企业的长远发展具有极为重要的意义。第二，现阶段我国还处于经济转型时期，市场经济尚未完全成熟，企业在引入私募股权投资基金和风险投资基金①（PE/VC）过程中还存在许多问题。因此，探寻 PE/VC 投资、股权结构对企业绩效的影响，可以发现企业引入私募股权投资基金和风险投资基金对企业绩效产生的影响，这有利于相关部门有针对性地提出完善企业引入私募股权投资基金和风险投资基金的建议和对策。

第二节　研究内容与方法

一、研究内容

本书从 PE/VC 投资的视角来探讨企业股权结构与企业绩效的关系。以 PE/VC 投资作为影响企业股权结构与企业绩效关系的一个重要因素，从企业股权集中度、股权制衡、内部人持股三个角度，对企业股权结构与企业绩效的关系、PE/VC 投资对股权结构与企业绩效关系的调节作用等问题展开理论分析和实证研究。具体而言，本书的主要研究内容有如下几点。

1. 构建 PE/VC 投资、股权结构对企业绩效影响的机理。企业的股权结构决定了企业股东以及股东大会，进而决定了企业董事会、

---

①　私募股权投资基金、风险投资基金和私募股权投资、风险投资在称呼时可以互用，也可以用 PE、VC 表示，具体用哪一种方式表示主要看行文的方便，全书同。

监事会和管理层的组成，而股东大会、监事会和管理层是公司治理结构的利益主体。因此，股权结构决定企业的性质，决定企业的利益分配模式和组织结构模式，是公司治理的基础，从而影响企业绩效。股权结构对企业绩效产生影响的途径主要是外部与内部治理机制，产生的外部治理机制主要是外部代理权竞争、接管机制，产生的内部治理机制主要是监督和激励机制。企业引入 PE/VC 投资之后，一方面改变被投资企业的股权结构，另一方面向被投资企业提供公司上市、人力资源管理、企业运营、管理咨询、技术创新等增值服务，从而影响企业绩效。

2. 分析了企业股权结构对企业绩效的影响。本书基于委托代理理论、公司治理理论等理论基础，将企业股权结构分为股权集中度、股权制衡度、内部人持股三个维度，并以此为基础对股权结构和企业绩效的关系进行理论分析，提出了相关研究假设。然后，构建计量经济学模型，运用分组检验、描述性统计、Pearson 相关性分析、多元回归分析等研究方法对企业股权集中度、股权制衡度、内部人持股对企业绩效的影响进行分析。

3. 分析了 PE/VC 投资对股权结构与企业绩效关系的调节作用。本书在股权集中度、股权制衡度、内部人持股与企业绩效之间引入了 PE/VC 投资这个调节变量，在进行理论分析和提出研究假设的基础上，运用分组检验、描述性统计、Pearson 相关性分析、多元回归分析等研究方法进行了实证检验，由此揭示了 PE/VC 投资对股权结构与企业绩效关系的调节作用机制。

二、研究方法

本书拟采用的主要研究方法是文献研究法、大样本数据统计分析的实证研究方法和比较分析法。

1. 文献研究法。通过充分阅读国内外有关股权结构、风险投资、私募股权投资等大量文献，借鉴国内外该研究方向的最新研究成果和前沿理论，在充分研究文献的基础上，以委托代理理论、公司治理理论、激励理论等为基础，从分析 PE/VC 投资、股权结构和企业绩效的关系入手，基于对相关文献的回顾和总结提炼，并结合我国 PE/VC 投资、股权结构的实际情况，构建 PE/VC 投资、股权结构对企业绩效影响的机理。在此基础上对 PE/VC 投资、股权结构对企业绩效的影响进行深入的理论分析与研究，并提出相应的理论见解。

2. 大样本数据的统计分析的实证研究方法。为了研究 PE/VC 投资、股权结构对企业绩效的影响，收集大量我国 A 股上市公司的企业股权集中度、股权制衡、内部人持股、企业绩效、PE/VC 投资等数据，以计量经济学为基础，通过构建实证模型，采用分组检验、描述性统计、Pearson 相关性分析、多元回归分析等实证研究方法对 PE/VC 投资、股权结构对企业绩效的影响进行实证验证。

3. 比较分析法。通过比较分析有 PE/VC 投资企业和没有 PE/VC 投资企业的股权结构对企业绩效影响的差异，及全部样本和创业板、中小板企业的 PE/VC 投资、股权结构对企业绩效影响的差异等，为得出本书结论提供参考。

第三节 创新点与局限性

一、创新点

与以前国内外相关主题的研究相比，本研究可能的创新点主要体现在以下几个方面。

1. 从 PE/VC 投资的视角，构建了 PE/VC 投资、股权结构对企业绩效的影响的机理。以往的大多数研究要么只是分析 PE/VC 对企业绩效的影响，要么只是从股权集中度、股权制衡度等股权结构的角度分析对企业绩效的影响，并没有对 PE/VC 投资、股权结构对企业绩效的影响进行研究。PE/VC 投资一方面向被投资企业提供企业战略、技术创新、人力资源管理、资本市场上市融资等增值服务，提高企业绩效，另一方面向被投资企业提供资金，成为企业的股东，改变被投资企业的股权集中度、股权制衡度、内部人持股等股权结构，影响被投资企业的内部治理和外部治理机制，进而影响企业的绩效。本书从 PE/VC 投资的视角，构建 PE/VC 投资、股权结构对企业绩效影响的机理，揭示了 PE/VC 投资、股权结构和企业绩效的内在关系，为对其进行实证检验打下基础。

2. 构建计量经济学模型，以上市公司等数据为基础，对 PE/VC 投资、股权结构对企业绩效的影响进行实证检验。股权结构与企业绩效关系的研究有较多的文献，但是股权结构对企业绩效的影响有两种不同的效应，即"利益趋同效应"和"利益侵占效应"，同时，我国上市公司等数据与以前有很大的不同，特别是在我国实施股权分置改革之后。这导致股权结构对企业绩效影响的研究结论具有较大的不同，有的研究结果认为企业的股权集中度、股权制衡度、内部人持股与企业绩效有正相关的关系，有的研究结果认为企业股权集中度、股权制衡度、内部人持股与企业绩效有负相关的关系，有的研究结果认为企业的股权集中度、股权制衡度、内部人持股与企业绩效没有关系。因此，有必要对股权结构和企业绩效的关系进行实证检验。企业在引入 PE/VC 投资之后对企业原有股权有重要的影响，那么企业在引入 PE/VC 投资之后也有必要对股权结构和企业绩效关系的调节作用进行检验。因此，本文采用了分组检验、描述性统计、Pearson 相关性分析、多元回归分析等实证研究方法，利用上市公司等数据，对股权结构和企业绩效的关系以及 PE/VC 投资对股权结构和企业绩效关系的调节作用进行实证检验。

3. 对 PE/VC 投资进行更为科学地界定。采用对相关文献进行归纳整理和提炼总结，向 PE/VC 公司、被投资公司、涉及相关业务的会计师事务所等进行调查、访谈或咨询等方式，结合 PE/VC 研究机构的研究报告等内容对 PE/VC 投资进行更为科学的界定。

二、局限性

本研究对 PE/VC 投资、股权结构对企业绩效的影响进行机理分析和实证检验，并得出了相应研究结论，但是本研究可能还存在以下不足。

1. PE/VC 投资的界定相对主观，实证检验的部分数据的手工收集处理可能对研究结论有所影响。由于我国 PE/VC 投资行业起步较晚，发展时间不长，且对 PE/VC 投资的理论研究并不成熟，因此，学术界对 PE 投资和 VC 投资的界定并不明确。同时，由于在我国目前的金融数据库如 WIND 数据库、国泰安数据库中还没有直接与本研究相关的关于 PE/VC 投资的数据，笔者需要结合上市公司的年度报告以及 PE/VC 机构研究报告等资料收集本书实证研究所需要的数据，可能对研究结论有所影响。

2. 在本书的研究中，影响企业绩效的因素是多方面的，除了内部公司治理、公司规模、市场化进程等因素以外，还可能有如外部公司治理、国家宏观的货币政策、财政政策、产业政策等因素，这些因素在本研究中没有进行更多的控制，可能会对研究结论产生一定的影响。

第二章

文献综述

第一节　PE/VC 投资对企业经营的影响

一、PE/VC 投资机构向被投资企业提供的服务

PE/VC 投资机构的服务主要是指 PE/VC 投资机构投资被投资企业之后向其提供相应的服务，进而对企业绩效产生影响。PE/VC 投资机构的服务涉及企业管理的方方面面。MacMillan 等（1989）采用实证的方法对风险投资机构向被投资企业提供的 20 种企业管理服务进行研究。风险投资机构向被投资企业提供诸如为企业管理层提供管理咨询建议、向企业推荐其他融资资源、对企业的经营管理进行有效的监督、实施企业财务状况的监控等服务。Sapienza（1992）首先对风险投资机构以及创业企业管理层进行调研，研究发现，风险投资机构参与了被投资企业的一些活动，这些活动包括企业财务管

理咨询、人力资源管理、具体企业经营管理活动指导、利用自身资源积极开展与产业的联系和合作等。Barney 等（1996）以有风险投资机构支持的被投资企业为研究对象，采用因子分析的方法，研究发现风险投资机构向创业企业提供以下两类活动：一类是向企业提供如财务管理、合理化的企业经营等建议，另一类是提供如为创业企业推介客户和供应商、加强对创业企业人力资源管理等企业运营方面的支持。张兵、刘曼红（2005）在分析了企业创业者陷阱问题的基础上，分析了其主要原因在于创业企业家不能适应企业发展的需要，同时企业又缺乏相关的合理的监督制衡治理机制。而风险投资可以在企业创业期参与企业管理，从外部对企业创业者形成监督和制衡，帮助创业企业建立合理而有效的公司治理机制，从而克服企业创业者陷阱问题。

二、PE/VC 投资影响企业技术创新

资金是企业进行技术创新的重要因素，也是企业技术创新活动得以进行的最重要的基础性要素资源之一。一方面，对于一个企业特别是创业企业来说，企业进行技术创新活动往往会受制于企业严重的资金短缺；另一方面，由于企业开展技术创新是一项不确定性很大的活动，同时资金提供方和受资企业之间往往存在较大程度的信息不对称，在企业需要为技术创新活动进行融资时，商业银行等传统的金融机构出于风险管理的考虑，很难为这些企业提供资金来支持企业的技术创新活动。因为对于创新企业特别是创业型的创新企业而言，企业的大部分资产主要是以专利等无形资产的形式而不

是以抵押的实物资产的形式存在。除了资金之外，企业的创新活动还需要人力资源、市场营销等多方面的支持。而 PE/VC 投资机构正好可以满足进行技术创新的企业的需要。PE/VC 投资机构不仅拥有充足的可投资金，而且还可以提供人力资源、技术研发、市场营销等方面的增值服务。Lerner（1995）认为风险投资机构在创业企业技术成果产业化的过程中可以在市场营销等方面给创业企业一些建议，帮助创业企业提高其技术创新的研究和开发能力，加快创业企业技术成果产业化，帮助创业企业以较快的速度发展。Davila 等（2003）的研究发现，声誉良好的风险投资机构较声誉一般的风险投资机构对创业企业往往可以起到更好的认证作用，随着创业企业引入声誉更好的风险投资机构，其他股权投资机构对创业企业创新能力和创新技术的信任度往往会更高，该创业企业能够得到更多金融机构的资金投入。孟卫东等（2009）通过研究后认为，风险投资机构向被投资企业提供增值服务之后，可以明显提升被投资企业的技术创新能力。龙勇、王陆鸽（2010）认为风险投资机构对被投资企业的增值服务有利于提高被投资的高新技术企业的技术创新绩效。黄燕、吴婧婧、商晓燕（2013）认为企业引入风险投资对被投资企业的 R&D 投入并没有显著影响，有风险投资机构投资的企业 R&D 产出高于无风险投资机构投资的企业，而风险投资机构的持股比例对被投资企业的 R&D 行为没有显著影响。陈伟（2013）从非资本增值服务的视角研究了风险投资机构的资金来源对企业技术创新的影响。风险投资机构提供的非资本增值服务可能会对被投资企业的技术创新产生影响。同时发现，国有性质的风险投资机构增加了企业技术创新的相关资源，然而其并没有促成被投资企业的技术创新成果和绩效的显著增加，而民营性质的风险投资机构在技术、管理、R&D 投入等方面具有相对优势，对风险企业创新资源的扩大、创新成果的增加以及创新效益的提升都有着正向显著的影响，因此，基于非资本增值服务的视角，风险投资机构的资金来源会影响到企业的技术创新。李九斤、刘东、安实（2018）以 2011 至 2016 年我国创业板上市企业为样本，收集整理面板数据，构建多元回归模型并分析检验影响机理和程度。研究结果发现：风险投资对于企业技术创新能力有明显的提升作用，但不同特征风险投资对企业技术创新的促进作用也存在不同程度的差异。进一步研究发现，风险投资机构的外资背景、风投声誉、持股比例、联合投资数量等特征会影响风险投资机构对企业技术创新促进作用的效果，与企业技术创新提升效果成正比。马嫣然、蔡建峰、王淼（2018）基于中介效应模型，结合数据包络分析方法和静态面板回归分析方法，对我国创业板上市公司样本进行了实证分析。研究发现：有风险投资参与的初创企业技术创新产出高于无风险投资参与的初创企业，且风险投资持股比例越高，对初创企业创新的促进作用越显著。不同背景的风险投资对初创企业技术创新产出的影响不同：政府风险投资和外资风险投资持股比例越高的初创企业全要素生产率越高，且政府背景风险投资最为有效，外资背景风险投资次之；研发投入在风险投资与技术创新之间发挥部分中介作用，即风险投资通过直接作用和间接作用共同影响初创企业技术创新产出。邵传林、刘源（2017）从理论方面分析中小企业技术创新面临的融资障碍，阐述风险投资影响中小企业创新的机制，总结和梳理相关研究的共识和不足。研究表明：与传统的融资渠道相比，风险资本的介入对中小企业的创新活动具有引导、监督、激励等作用，且有助于提高中小企业创新能力，促进科技创新成果的转化；风险投资自身的特征差异会对中小企业创新产生不同影响；在政府行为、地区教育、经济发展状况等因素的作用下，风险投资对中小企业技术创新的影响具有异质性效应。司颖洁、李姚矿（2017）以高技术产业为对象，基于效率视角，运用DEA模型实证分析其对技术创新效率的影响，提出合理有效地配置资本和人员投入，适当加大风险投资的投入，对提高中国高技术产业技术创新的效率具有重要意义。谢雅萍、宋超俐（2017）系统梳理了风险投资与技术创新关系研究所取得的成果，归纳了两者关系的影响因素，在此基础上，尝试性地构建了风险投资与技术创新关系的理论框架，并重点探究了风险投资影响技术创新的作用过程。最后，在深入剖析现有研究存在的不足的基础上指出未来的研究方向。王秀军、李曜、龙玉（2016）研究结果表明：与无风险投资持股相比，风险投资支持企业的高管总薪酬水平和股权薪酬显著更高；高管货币薪酬绩效敏感度较低，即风险投资对传统的管理层货币薪酬治理机制具有"替代效应"，而风险投资支持企业的高管股权薪酬水平显著较高，风险投资发挥了对高管股权薪酬的"促进效应"；控股股东两权分离度会显著影响风险投资替代效应，促进效应的发挥。谢雅萍、宋超俐（2016）明晰风险投资的内涵，分析影响风险投资与企业合作模式的因素，引入战略导向中介机制，构建从合作模式到企业技术创新的过程演化模型，挖掘风险投资影响企业技术创新的路径，以期提升风险投资与企业的合作成功率，推动企业技术创新。

三、PE/VC 投资影响企业公司治理结构

PE/VC 投资机构之所以要积极参与被投资企业的公司治理，对被投资企业进行监督，最主要原因是 PE/VC 投资机构与被投资企业信息不对称。齐绍洲、罗威（2004）研究发现，在被投资企业发展的初期，PE/VC 投资机构很难真正了解被投资企业的经营管理情况，PE/VC 投资机构与被投资企业之间可能存在道德风险和逆向选择的问题，PE/VC 投资机构需要通过对被投资企业的监督来避免企业管理者层对 PE/VC 投资机构利益的损害。企业董事会是企业公司治理的核心，当 PE/VC 投资机构占有被投资企业一定比例的股份时，PE/VC 投资机构往往会要求进入被投资企业董事会。PE/VC 投资机构可以通过企业董事会的途径参与被投资企业的重大经营和财务决策，因此，PE/VC 投资机构往往通过被投资企业董事会施加影响来达到其参与企业公司治理的目的。Suchard（2009）通过研究发现，相对于没有风险投资机构支持的上市公司而言，有风险投资机构支持的企业具有更高的董事会独立性，同时具有更高的董事会治理绩效。王兰芳（2011）以 2006 至 2010 年在我国境内首次公开上市（IPO）的 658 家企业为研究对象进行了研究，研究结果表明，与没有风险投资机构支持的企业相比，有风险投资机构支持的企业拥有规模较大和内部董事比例较小的企业董事会。对企业外部董事内部结构的分析表明，风险投资支持的企业董事会中非独立董事的比例

明显较高，但企业独立董事比例却显著较小。实证结果显示，虽然风险投资在一定程度上有助于抑制企业管理层在企业董事会上的地位，但其主要是通过增加企业非独立董事和扩大企业董事会规模影响企业董事会结构，这并没有提高企业董事会的独立性，甚至还显著降低了企业独立董事的比例，削弱了企业董事会的独立性。然而，并不是只要有 PE/VC 投资机构介入，被投资企业的公司治理就会有显著的影响。靳明、王娟（2010）对风险投资介入被投资企业公司治理的过程进行了分析，以深圳中小板上市的企业为研究样本，对我国风险投资介入被投资企业公司治理的绩效进行了研究，研究结论显示，我国中小企业引入风险投资机构对其公司治理绩效并没有明显的正向作用，除了对企业的市场价值有所提升以外，对企业的公司治理水平和企业绩效的影响都不显著，这表明我国风险投资机构还需要进一步的完善。冯慧群（2016）系统地梳理了风险投资进行治理的原因和路径，综述了国内外在此问题上的研究和争议，为风险投资治理策略以及后续研究提供了文献参考和理论支撑。同时，文章也在评述的基础上，结合我国的社会经济发展，提出了风险投资治理进一步研究探索的方向。冯照桢、温军、刘庆岩（2016）利用中国 2001 至 2012 年各省、市、自治区的面板数据，运用面板平滑转换回归模型，从风险投资规模和风险投资数量两个角度对风险投资与技术创新（专利数量和研发效率）的非线性关系进行了实证分析。研究结果发现：风险投资与技术创新之间存在着门槛效应，即当风险投资规模低于门槛值时，风险投资的融资支持和增值作用有限，其更多表现为盘剥行为，会抑制企业技术创新。

四、PE/VC 投资认证和监督企业

PE/VC 投资机构对被投资企业往往可以起到认证和监督的作用。认证假说认为：PE/VC 投资机构对被投资企业在资本市场上市可起到认证的作用，PE/VC 投资机构作为一种专业性的股权投资机构，通过投资前的筛选过程能够识别企业的经营管理情况，即使有些企业在初期企业绩效不好，通过得到 PE/VC 投资机构提供的监督和增值服务后仍会成长为绩效良好的企业。PE/VC 投资对被投资企业的认证作用可以消除被投资企业在资本市场上市融资过程中的信息不对称的影响，一方面减少了投资者与上市公司之间的信息不对称，另一方面也提升了投资者对被投资企业的认可度，进而使被投资企业在资本市场上市后有更好的绩效表现。Bottazzi 等（2008）通过实证研究发现，风险投资机构合伙人的背景与对被投资企业的监督企业管理行为有显著的关系，如果风险投资机构的合伙人拥有较多的会计、金融、财务等工作经历，那么风险投资机构对被投资企业的监督、管理会更加积极；假如风险投资机构中拥有理工科教育背景的职员越多，则风险投资机构对被投资企业的监督管理就会相对不足。另外，企业引入风险投资往往会改变被投资企业的会计信息披露机制。冯科、秦华、何理（2013）以截至 2011 年 12 月 31 日在我国创业板上市的 281 家企业为例，结合我国独特的资本市场背景，对股权投资机构的监督、认证等效应的四种理论模型进行了实证检验。研究结果显示，在我国创业板上市公司中不存在股权投资的逆向选择效应和监督效应，我国有部分的股权投资认证效应，却有显

著的股权投资逐名效应。将股权投资按照成立年限进一步分为新成立组和成熟组进行对比研究预测，研究结论显示，随着我国股权投资市场的发展和成熟，股权投资机构在企业发展过程中提供的增值服务将逐步显现。丛海涛、唐元虎（2003）认为，通过风险投资能够实现加强企业已有的核心竞争力、取得和发展企业新的核心竞争力、降低企业核心竞争力发展的不确定性等目的。从这几方面出发分析了风险投资对被投资企业核心竞争力的作用机制，指出被投资企业可以通过风险投资实现核心竞争力的动态发展。

第二节 PE/VC 投资对企业绩效的影响

一、PE/VC 投资对企业绩效有积极的影响

MacMillan 等（1989）的研究发现，在风险投资介入被投资创业企业的中等水平下，对被投资企业经营管理状况的监控和创业企业绩效呈正相关关系。Fried 等（1998）在对美国一些风险投资机构进行调查的基础上发现，引入风险投资的被投资企业的平均增长率比没有引入风险投资的被投资企业的平均增长率更高，这主要是风险投资对创业企业监督起到了显著的积极作用。Hellman 等（2000）对美国一些创业企业进行实证研究，研究结果显示风险投资机构对被投资企业内部组织形态的构建起到了正面的作用，而且引入风险投资的创业企业在人力资源管理、市场营销、职工股票期权计划等

方面得到较大的提升。另外，研究结论还显示，引入风险投资的被投资创业企业总裁由创业企业创始人转换的比率要大于没有引入风险投资的被投资创业企业。风险投资机构提供的各种增值服务往往都具有一定的成本效益的约束，因此，风险投资机构的增值服务必然会提高企业绩效。贾生华、王敏、潘岳奇、邬爱其（2009）研究了风险投资对企业成长的促进作用及其内在机制和影响因素，得到了以下结论：风险投资能有效促进企业成长，风险投资主要通过增值服务来促进企业成长，风险投资的增值服务会受到风险投资机构的特征和风险投资支持企业的特征等方面的影响。吴继忠（2012）认为私募股权投资基金的兴起有力地支持了中小科技型企业的发展，与此同时，私募股权投资基金也获得了良好的资本增值的回报。陈满依（2013）以 2007 年具有私募股权投资基金融资的上市企业为样本，考察了私募股权投资机构的融资活动上市企业绩效的影响，研究结果显示，私募股权投资机构的融资活动对上市企业绩效有显著的正相关关系。樊洪、王敏、潘岳奇（2012）利用问卷调查的数据，实证检验了风险投资和高新技术企业发展的关系。研究结果显示，风险投资能够促进高新技术企业的发展，这种正面的作用主要来自风险投资机构对被投资企业的资金支持和管理支持。风险投资机构对被投资企业的资金支持和管理支持强度越大，越有利于促进高新技术企业发展。Jain 和 Kini（1995）采用样本配对的方法，对 1976 年至 1988 年在美国上市的 136 家有 PE/VC 投资机构支持的企业与没有 PE/VC 投资机构支持的企业经营绩效进行对比研究。研究发现，有 PE/VC 投资机构支持的企业的经营绩效明显好于没有 PE/VC 投资机构支持的企业，因此，PE/VC 投资机构对其所投资企业经营管理起着积极的作用。Brav 和 Gompers（1997）通过研究发现有 PE/VC 投资背景的企业在上市后五年中的股市收益率要显著高于没有 PE/VC 投资背景的企业。这主要是因为 PE/VC 投资机构在被投资企业的经营管理方面的支持对提升企业绩效有积极作用。Kortum 和 Lerner（2000）以 1965 年至 1992 年之间美国 20 个制造行业的年度数据为样本进行了研究，研究发现行业中 PE/VC 投资机构活动的增加与较高的专利比率呈显著的正相关关系，这表明 PE/VC 投资确实有助于提高企业的绩效。Morsfield 和 Tan（2006）通过实证研究发现，PE/VC 投资对其支持的企业的利润粉饰行为能起到监督作用。Franzke（2004）对德国 1997 年至 2000 年之间的 58 家有 PE/VC 投资支持的企业和 108 家没有 PE/VC 投资支持的企业在资本市场上市融资的表现进行了比较。研究结论表明，有 PE/VC 投资支持的企业上市前的盈利能力和销售收入差于没有 PE/VC 投资支持的企业，但在企业 IPO 上市首日收益高于没有 PE/VC 投资支持的企业。Sorensen（2007）认为 PE/VC 投资能对企业绩效有显著的正面影响。

二、PE/VC 投资对企业绩效有负面的影响

侯建仁等（2009）以 450 家高科技创业企业为研究样本，从投资回报、获利性、成长性等方面实证检验了风险投资的增值服务对创业企业创新绩效的影响。研究结果表明，风险投资机构投入被投资企业的期限对风险投资的经营绩效和获利性有负相关关系，对企业成长绩效并没有显著影响，然而随着风险投资机构的持股比例增

加，其在被投资企业中的控制权越大，被投资企业绩效就越好，然
而风险投资机构的持股比例增加会显著降低被投资企业的成长性。
杨宝、袁天荣（2013）认为风险资本的介入并没有显著增强我国创
业板上市公司的研发投资强度，也没有显著改善企业的创新绩效，
但创业板上市公司的研发投资对滞后一期的创新绩效有显著的正向
影响。研究结论说明，我国风险投资机构在向被投资企业提供增值
服务等方面较为薄弱，并且目前我国的创业环境容易引发创业企业
与风险投资机构的逆向选择问题。

三、PE/VC 投资对企业绩效的影响方向不一定或并无显著的影响

Gompers 和 Lerner（1998）发现，有 PE/VC 投资支持的企业在
锁定期内的企业绩效会比没有 PE/VC 投资支持的企业绩效更好，然
而有 PE/VC 投资支持的企业在 PE/VC 投资退出后的企业绩效却显
著低于没有 PE/VC 投资支持的企业。杨世伟、董银霞（2013）以
2000 年至 2012 年中国 A 股和在香港上市的具有私募股权投资基金
背景的企业为样本，采用广义最小二乘法实证检验了私募股权投资
与企业绩效之间的关系。研究结果发现，私募股权投资对企业盈利
能力具有一定的改善作用，然而这种作用会随着私募股权投资持股
比例的增加而减弱，私募股权投资支持企业在证券交易所 IPO 后的
盈利水平还不如没有私募股权投资支持的企业，特别是在香港资本
市场上市的企业。李希义（2009）认为从微观的视角来看，外资性
质的风险投资对科技型企业的发展具有双刃剑的作用。刘凤元
（2013）运用 2009 年 10 月至 2011 年 6 月之间深圳创业板上市公司

的相关数据，研究了风险投资对高新技术企业公司治理结构的影响以及风险投资参与被投资企业的公司治理结构对企业绩效的影响等问题。实证结果显示，我国风险投资对被投资企业董事会的公司治理结构并没有显著的影响，同时，我国创业板上市公司的董事会治理对企业绩效的影响也并不显著。

第三节　股权结构对企业经营的影响

一、股权结构对资本结构的影响

Friend 和 Lang（1988）通过研究发现，企业的公司治理结构对企业的资本结构有显著的影响，并且企业第一大股东的持股比例与企业债务水平呈正相关关系。肖作平、廖理（2007）基于我国特殊的制度环境，发现企业第一大股东为国家股的上市公司更容易获得长期借贷，而且企业受破产机制的约束较小，因此企业具有较高的长期债务。王浩（2011）通过研究发现，企业第一大股东的持股比例与企业债务融资规模呈显著的正相关关系，然而，企业第一大股东的持股比例与企业股权融资规模并没有显著的相关性。金仁浩、董颖颖（2008）对上市公司股权融资和债务融资对企业大股东价值的影响进行了研究，研究结果显示，上市公司大股东更倾向于采用股权融资方式，并且随着上市公司股权集中度的提高，企业股权融资水平也就越高，即企业股权集中度与债务融资水平呈负相关的关系。

二、股权结构对企业投资的影响

周伟贤（2010）通过研究发现，企业的国有股比例与企业非效率投资呈负相关关系，企业第一大股东持股比例与非效率投资成曲线的关系。李胜楠、牛建波（2005）通过研究表明，无论上市公司的国有股比例是多少，企业高负债对上市公司的过度投资并没有约束功能。然而对于国有持股比例比较小的企业而言，企业的高负债水平则可以抑制企业高增长的企业资本支出。罗绮等（2007）研究发现，我国中小国有企业和民营企业普遍存在过度投资的现象，企业债务约束对企业投资现金流敏感性的影响并不明显。徐玉德、周玮（2009）研究发现上市公司的杠杆水平对企业的投资水平和投资效益有显著影响，在企业低杠杆水平的情况下，地方国有企业和民营企业几乎不存在过度投资情况，然而在企业高杠杆水平的情况下，企业的过度投资行为往往很严重。张栋、杨淑娥、杨红（2008）研究发现，企业第一大股东的持股比例与企业的过度投资水平呈倒 U型关系。汪平、孙世霞（2009）研究发现，企业现金流与企业投资行为显著正相关，并且企业第一大股东持股比例与股权集中度在一定程度上会对企业过度投资形成制约。俞红海等（2010）通过研究发现，相对于私人控股企业而言，政府控股的企业过度投资现象更为严重，企业外部治理环境的改善在一定程度上会抑制企业的过度投资行为。

三、股权结构对企业股利分配的影响

Maneinelli 等（2006）研究发现企业大股东控制权越强，企业的股利支付率就越低。张曾莲（2009）研究发现，企业第一大股东持股比例与企业现金支付率呈正相关的关系，然而在我国上市公司股权分置改革之后，企业第一大股东持股比例显著下降，这时企业国有股比例与现金股利支付率之间存在弱相关的关系。徐国祥、苏月中（2005）研究发现，企业股权集中度越高，企业发放的现金股利就越多，即企业股权集中度与企业现金股利呈正相关的关系。唐清泉、罗党论（2006）研究发现，在企业存在控股股东的情况下，企业大股东通常通过现金股利进行利益输送，而且企业大股东的持股比例与上市公司发放现金股利呈正相关的关系。黄娟娟、沈艺峰（2007）通过以 1994 年至 2005 年之间我国的上市公司为样本进行研究，发现在股权高度集中的上市公司里，企业管理层制定股利政策主要是为了迎合企业大股东的需求。党红（2008）分析了股权分置改革前后影响企业现金股利的因素，研究发现企业股权分置改革成效对于企业股利分配的影响还没有完全显现出来。余明桂等（2004）通过对我国上市公司股利分配数据进行实证研究发现，有控股股东的企业的股利支付率显著高于没有控股股东的企业。

四、股权结构对企业关联交易的影响

陈晓、王琨（2005）在全面分析 1998 至 2002 年之间中国上市公司的关联交易总体状况的基础上，考察了企业关联交易与股权结

构之间的关系。研究发现上市公司的关联交易行为在统计意义上确实与股权结构相关，而且企业关联交易的发生金额及概率与企业第一大股东持股比例呈正相关关系。朱宝宪等（2001）认为，企业关联交易的主要原因是上市公司的股权结构过于集中、企业内部与外部的治理结构不完善和缺乏相关的法律法规。秦茜（2003）以1999年至2001年中国沪市所有上市公司的关联交易为研究对象进行研究，发现企业一股独大和股权高度集中的上市公司发生关联交易的频率较一般企业高，而且涉及关联交易的金额也更大。企业控股股东数目的增加会降低企业关联交易发生的频率和程度。在相同情况下，企业控股股东间的持股比例越接近，对企业关联交易的抑制作用就越强。余明桂、夏新平（2004）以1999年至2001年我国上市公司关联交易为对象进行实证研究，分析了企业控股股东是否通过关联交易转移上市公司资源和侵占小股东的利益。研究发现，由企业控股股东控制的企业以及控股股东担任高级管理层的企业，其关联交易显著高于没有控股股东的企业和控股股东不担任高级管理层的企业，而且企业控股股东持股比例越高，企业关联交易也就越多。肖虹（2001）以1998年的27家上市公司作为研究样本，研究结论表明，企业股权结构越集中，企业资金被控股股东占用就越多，越有可能与控股股东通过关联交易进行企业的盈余管理。

五、股权结构对企业经营其他方面的影响

Denis等（1997）通过研究表明，企业管理层持股比例和企业多元化程度存在显著的负相关的关系，企业多元化程度和企业外部大股东持股比例同样也存在显著的负相关的关系。这是因为企业管理层持股比例的上升减轻其从事损害企业价值的多元化的动机，而企业外部大股东持股比例的上升则会削弱企业管理层使用这种战略的能力。Gregory R. Niehaus（1989）研究了企业管理层持股和外部股东持股与企业存货方法选择之间的关系。研究发现，当企业管理层持股比例较低时，企业选择后进先出法的可能性与企业管理层持股呈负相关的关系，然而，当企业管理层持股比例较高时，选择后进先出法的可能性与企业管理层持股呈正相关的关系，企业较高的外部股权集中度则增加了选择后进先出法的可能性。

第四节　股权结构对企业绩效的影响

一、股权集中度对企业绩效影响

当前学界关于股权集中度对企业绩效的影响有以下三种观点。

第一，股权集中度与企业绩效为正相关关系。Berle 和 Means（1932）通过研究表明，股权的高度分散会使企业股东的效用受到不利影响，这主要是因为股权的高度分散导致没有企业股东愿意去激励和约束企业管理层的经营行为，这就会产生企业的内部人控制问题，企业管理层的目标与企业目标出现了背离，从而给企业带来不利的影响，即企业股权集中度与企业绩效呈正相关的关系。Jensen 和 Meckling（1976）认为，企业股东有企业的内部股东和企业的外部股东两大类，企业价值主要由企业内部股东的持股比例决定，企业内部股东的持股比例越高表明企业价值越高，即企业股权集中度与企业绩效呈正相关的关系。Shleifer 和 Vishny（1986）通过研究表明，企业的控股股东直接介入到企业的生产、财务等经营活动有利于减少企业管理层与外部企业股东之间的信息不对称问题，这不仅可以有效地监督企业管理层的经营管理活动，同时还能够最大化企业价值，也就是说，企业股权集中度高的企业比股权分散的企业有更好的企业绩效。Panayotis 等（2007）构建实证模型，检验了希腊上市公司股权集中度与企业绩效之间的关系，得出了企业股权集中度与企业绩效呈正相关关系的结论。Vitaliy 和 Zheka（2005）以乌克兰上市公司为研究对象，实证检验了企业股权集中度与企业绩效之间的关系，得出了企业股权集中度与企业绩效呈正相关关系的结论。

第二，股权集中度与企业绩效为负相关关系。Demsetz（1983）认为企业控股股东与企业的中小股东的利益并不完全一致，甚至有时候企业控股股东与企业的中小股东存在很大的利益冲突。因此，企业控股股东的目标可能设定为企业股东的财富最大化而不是整个企业的价值最大化，导致企业控股股东损害企业小股东的利益，这对企业绩效有负面的影响，同时得出了企业股权集中度与企业绩效呈负相关的关系。Laport（2002）认为企业控股股东与中小股东的效用不一致，企业控股股东经常与中小股东存在很大的利益冲突，因此，股权集中度高的企业绩效比股权集中度低的企业绩效要差，同时，企业控股股东在追求自身利益最大化时可能会损害企业外部中小股东的利益。Thomsen 等（2006）以欧洲和美国的一些企业为研究对象进行了考察，研究表明，相对于美国企业而言，欧洲企业的股权集中度更高，导致两地企业绩效与股权结构之间的关系也会有所差别。实证结果表明，在欧洲企业当中，企业控股股东的持股比例与企业绩效之间呈负相关的关系，而考察者认为，这主要是企业控股股东与中小股东之间的利益冲突造成的。吴斌、黄明峰（2011）以 2008 年在深圳交易所上市且引入风险投资的被投资企业为研究样本，分析了企业股权集中度与引入风险投资的被投资企业的绩效之间的关系。研究结果显示，引入风险投资的被投资企业的股权集中度与企业绩效呈负相关关系。

第三，股权集中度与企业绩效为其他关系或没有关系。Stulz（1988）认为企业内部股东持股比例越高，企业绩效就越好，但是两者并不是直线关系，而是先升后降。McConnell 和 Servaes（1990）分别以 1976 年和 1986 年的企业为研究对象，构建实证模型，检验了托宾 Q 值与股权结构之间的关系，研究结论显示，托宾 Q 值与企业内部股东持股比例呈曲线性关系，当企业内部股东持有的股权比例低于 40％至 50％时，托宾 Q 值与企业内部股东持股比例呈正相关关系。当企业内部股东持有的股权比例超过 50％时，托宾 Q 值与企业内部股东持股比例呈负相关关系。Ekta（2005）认为，企业内部股东持股比例与企业绩效之间关系不是直线关系，而是非线性关系，其进行实证研究发现，当企业内部股东持股比例为 45％及以下时，两者呈现负相关的关系，而当企业内部股东持股比例达到 63％之后，企业内部股东持股比例与企业绩效之间的关系就开始曲线上升。余澳、李恒（2011）以 2004 年至 2008 年中国 409 家民营上市公司为研究对象，实证检验了中国民营上市公司股权集中度与企业绩效之间的关系，研究后发现，企业股权集中度过高或者过低都无助于民营上市公司绩效的提高，而适度的股权集中才最有利于民营上市公司绩效的提高。Vera 和 Ugedo（2007）以西班牙 1998 年至 2000 年的 380 家上市公司为研究对象，通过构建模型和实证分析，得出了企业股权集中度与企业绩效不存在相关关系的结论。Demsetz 和 Vill-aonga（2001）以美国企业为研究对象，利用构建实证模型，实证检验了企业股权集中度与企业绩效之间的关系，得出两者并不相关的结论。Holderness 和 Sheehan（1988）通过研究发现，有控股股东的上市公司的绩效与股权非常分散的上市公司的绩效相比并没有显著的企业绩效的差别，因此得出了结论：企业股权结构与企业绩效并不相关的结论。Loderer 和 Martin（1997）采用二阶最小二乘法进行研究，得出了结论：企业股权集中度与企业绩效并没有显著的相关关系。吴国鼎、叶扬（2013）以中国 A 股上市公司的年度数据为样本，分析了企业所属行业因素对企业股权集中度和企业绩效之间关系的影响。研究结论表明，在国有企业比较多的产业当中，企业第一大股东持股比例和企业绩效之间的关系并不明显，与非竞争性产业相比，竞争性产业中企业的第一大股东持股比例和企业绩效呈正相关关系，与重资产产业相比较，轻资产产业企业的第一大股东持股比例和企业绩效呈负相关关系。冯延超（2010）以高科技企业为研究对象，实证检验了企业股权集中度与企业绩效之间的关系，其研究结果表明，高科技企业的股权集中度对企业绩效的影响与传统企业有明显的不同，在人力资本和无形资产密集的高科技企业，企业股权集中程度越高，企业绩效越低，而在传统企业当中，企业股权集中度对企业绩效具有正相关的关系。

二、股权制衡度对企业绩效影响

学界关于股权制衡度对企业绩效的影响有两种不同的观点。

股权制衡度与企业绩效为正相关关系。Maury 和 Pajuste（2005）通过研究发现，企业价值与企业第三大股东存在率呈正相关关系，特别是当企业第一大股东和第二大股东持股比例相当时，企业价值与企业第三大股东的存在率的关系会更加显著。这表明企业大股东之间具有相互制衡的作用。然而，企业价值却与企业第二大股东的存在率负相关，特别是当企业第一大股东和第二大股东持股比例之和占到企业所有股权的半数以上时，上述关系更加显著。这表明企业大股东之间不仅仅存在着相互制衡，在有些情况下，企业大股东之间也有可能串通起来共同损害企业中小股东的利益，且由此取得了企业控制权私有收益。因此，在分析企业股权制衡的治理效果时，并不能忽视企业大股东之间可能存在的串通合谋行为。Erik 等（2000）利用德国 1991 年至 1996 年 361 家上市公司的数据为研究对象，对企业股权制衡与企业长短期绩效之间的关系进行研究，其实证研究结果表明，上市公司中如果存在可以有效制衡企业第一大股东的其他大股东，上市公司的绩效就能够得到改善。Laeven 和 Levine（2004）以西欧 13 个国家的 900 多家制造业上市公司为研究对象，其研究结果表明，有约 1/3 数量的企业拥有两个或两个以上的大股东，企业第一大股东和第二大股东之间的相对持股比例对企业价值有重要影响，在企业的第一大股东和第二大股东的持股比例有较大差距的情形下，企业第二大股东持股比例的上升并不会带来企业价值的显著提升，而当企业第一股东和第二大股东持股比例差距较小时，企业价值会因为企业第二大股东持股比例的上升而明显改善。

股权制衡度与企业绩效不一定为正相关关系。Gomes 和 Novaes（2001）分析了制衡型的股权结构下企业大股东对投资项目决策行为的影响，企业的股权制衡既有可能给企业带来正面的影响，也有可能给企业带来负面的影响。当企业有过度投资的倾向且企业资金成本又很高的时候，企业的股权制衡能够提高企业公司治理效率，而如果企业拥有充足的投资机会并且企业管理层能够做出理性选择，那么制衡型的股权结构未必能够提高企业绩效。朱红军、汪辉（2004）的研究发现企业股权制衡结构并不一定能提高中国民营上市公司的治理效率。赵景文、于增彪（2005）的研究结果表明，股权制衡企业的经营绩效要差于同行业、总资产规模相近的企业。徐莉萍、辛宇、陈工孟（2006）的实证也表明企业过高的股权制衡度对企业绩效有负面的影响。

三、内部人持股对企业绩效影响

企业内部人是指企业董事会和监事会成员、企业管理层、内部职工为主体的人员，主要是指执行企业经营决策的企业管理层，他们拥有经营管理企业的权力。内部人持股在公司治理当中的作用主要表现在对企业管理层的激励上，通过让企业管理层持有企业一定比例的股份，激励企业管理层在企业经营方面的投入程度，从而影响到企业绩效。

目前，学者对内部人持股与企业绩效的关系有两个观点。

第一，内部人持股有利于提高企业绩效。Jensen 和 Meckling（1976）研究内部人持股比例与企业绩效关系时将企业股东分为两类，即企业内部股东和企业外部股东，企业内部股东主要是指企业董事会成员及企业管理层，其实际上拥有对企业的控制权，企业外部股东并不参与企业的经营管理，不能"用手投票"。两类企业股东有一个共同的特点是都可以获取相同的股利，但是，企业内部股东除了能获得正常的股利以外，还可以利用担任企业管理层等职务来增加个人福利。并且其研究得出如下结论，企业价值与企业内部股东的持股比例正相关，企业内部股东的持股比例越大，企业价值也就越高。因此，企业内部股东的持股比例增加能有效地对企业管理层进行股权激励，降低企业股东和企业管理层之间的代理成本，从而提高企业价值。Morck 等（1988）认为企业管理层也是理性"经济人"，会运用自己拥有的权利来分配企业资源，实现个人利益最大化，同时，企业管理层的个人利益与企业外部股东的利益往往不一致，企业管理层往往会在这两种个人利益之间权衡，企业管理层持股比例越高，企业管理层的利益和企业外部股东的利益更容易趋向一致。马富萍、郭玮（2012）研究表明，企业管理层持股对企业绩效有显著正向影响，并且企业技术创新对两者之间的关系起到中介作用。因此，建立一套行之有效的企业管理层股权激励计划，就可以增强资源型上市公司的技术创新能力，进而提高企业绩效。姚燕

（2006）以委托代理理论为基础，以我国 A 股上市公司为研究对象，构建模型并实证检验了企业管理层持股比例与企业绩效之间的关系。研究结果表明，在实施企业管理层股权激励的上市公司中，企业管理层持股比例与企业绩效呈正相关的关系。因此，在我国上市公司中实施企业管理层股权激励可以减少企业股东和企业管理层之间的代理成本，从而提高企业绩效。

内部人持股与企业绩效存在非线性关系。Stulz（1988）认为企业管理层在所有股东中的持股比例越高，敌意收购方并购该企业并取得该企业的控制权所需要支付的价格就会越高，并且敌意收购方并购该企业成功的可能性就会降低。同时其通过研究表明，企业价值和企业内部股东持股比例之间存在着曲线关系，即企业价值先会随企业管理层的持股比例增加而增加，但随着企业管理层持股比例的增加，企业价值反而会下降。McConnell 和 Servaes（1990）以1976 年和 1986 年的企业为研究对象，实证检验了托宾 Q 值与企业股权结构之间的关系，研究结论显示，当企业管理层持股比例从 0 开始增加时，托宾 Q 值开始增长，直到企业管理层持股比例达到40% 至 50% 后，托宾 Q 值开始下降，二者呈倒 U 型关系。谭庆美、吴金克（2011）以我国 2004 年至 2009 年中小企业板上市企业为研究对象，分析了中小板上市公司管理层持股与企业绩效之间的关系。其研究结果表明，中小板上市企业管理层持股的内生性特征并不显著，托宾 Q 值、总资产收益率与企业管理层持股之间均存在明显的N 形关系。冉茂盛、贺创、罗富碧（2008）以我国 1999 至 2005年之间的 414 家上市公司为研究对象，对企业管理层持股水平与企业经营绩效之间的关系进行实证研究。研究结果表明，企业管理层持股水平与企业经营绩效存在显著的 N 型关系，然而国有上市公司与非国有上市公司的最优企业管理层持股水平却存在显著差异。支晓强（2003）回顾了国内外有关企业管理层持股与企业绩效关系的实证文献，总结出企业管理层持股的作用机理，认为企业管理层持股有助于改善企业绩效的观点并非完全正确。

第五节　文献述评

通过梳理国内外有关 PE/VC 投资、股权结构与企业绩效的研究文献来看，学者们主要做了两大方面的研究，一是 PE/VC 投资对企业的经营及其绩效的影响，二是股权结构对企业的经营及其绩效的影响。从 PE/VC 投资对企业的经营及其绩效影响的文献来看，大多数的研究结果认为 PE/VC 投资能起到促进企业技术创新、改善企业的公司治理、对被投资企业具有监督和认证等作用。PE/VC 投资对企业绩效影响的研究结论则具有较大的不同，有的认为 PE/VC 投资可促进被投资企业的绩效，有的认为 PE/VC 投资对被投资企业绩效有负面的影响，有的则认为 PE/VC 投资对被投资企业绩效没有影响。从股权结构对企业的经营及其绩效影响的文献来看，研究结果认为企业股权结构对企业的资本结构、企业投资、股利分配、关联交易等方面存在影响。股权结构对企业绩效影响的研究结论则具有较大的不同，有的研究结果认为企业的股权集中度、股权制衡度、内部人持股与企业绩效有正相关的关系，有的研究结果则认为企业的股权集中度、股权制衡度、内部人持股与企业绩效有负相关的关系，有的研究结果则认为企业的股权集中度、股权制衡度、内部人持股与企业绩效没有关系。

现有文献虽然对 PE/VC 投资、股权结构与企业绩效做了一些研究，但也存在如下不足：①大多数文献都集中在 PE/VC 投资与企业绩效或者股权结构与企业绩效两个变量之间的研究，极少看到将 PE/VC 投资、股权结构与企业绩效结合起来研究的文献。②研究的结果有很大的不同，从股权结构与企业绩效的研究文献来看，因为在研究的过程中不同学者选择的国家和地区、研究样本、控制变量等的不同导致不同的研究结果。

与美国等发达国家相比，我国上市公司的股权结构存在相当大的差异，股权结构最显著的特点是股权分置、一股独大和国有企业较多。2005 年之后，中国证监会对上市公司推进股权分置改革，企业非流通股比例大幅降低，上市公司股权分置、一股独大的现象有所缓解。2004 年和 2009 年，我国在深圳交易所相继推出了中小板和创业板，为中小企业在资本市场融资提供了大力支持，提高了企业直接融资的比例。在深圳交易所中小板和创业板上市的企业有一个重要特点是企业性质几乎都是非国有企业，而且许多企业引入了 PE/VC 投资，这与原来上市公司很大比例是国有企业和极少有 PE/VC 投资有很大的不同。我国上市公司股权结构与之前有很大区别以及许多企业引入了 PE/VC 投资的背景，为本书从 PE/VC 投资的视角研究股权结构与企业绩效的关系提供了重要的实验场所。那么立足我国 A 股最新上市公司的数据，股权结构与企业绩效又会是怎样的关系呢？在加入 PE/VC 投资的研究变量后，PE/VC 投资、股权结构与企业绩效又会是怎样的关系？这在以前的研究文献中极少见到，同时也为本研究提供空间。

第三章

PE/VC 投资、股权结构对企业绩效影响的理论概述

第一节　PE/VC 概念的界定

一、私募股权投资（PE，Private Equity）的定义及特点

根据国际评级机构标准普尔公司的定义，私募股权投资是各种非主流投资（Alternative Investment）的统称，是股票、债券、期货等公开交易平台之外的各种投资，包括风险投资、对非上市公司的股权投资、杠杆收购投资、房地产投资等。王燕辉（2009）认为私募股权投资是一种封闭型的私募集合投资工具，是投资于非上市企业或要进行私人化的公众公司的股权投资。美国联邦银行业监管条例将私募股权投资定义为不直接经营管理企业，投资业务仅限于金融或非金融企业的股权，并且在未来某一时间会将其所投资的股权出售或以其他方式处置，而且该投资并非出于规避金融控股监管条

例或者其他商业银行投资条例目的而设立的投资型企业。私募股权投资分为广义的私募股权投资和狭义的私募股权投资，广义的私募股权投资是指为非上市的企业提供中长期权益性质的资金，积极帮助被投资企业发展，最终通过在资本市场 IPO、出售或转让被投资企业的股权实现退出。狭义的私募股权投资往往仅指企业为进行并购活动尤其是采用杠杆收购中的权益性质的投资。

　　与公募投资基金和其他投资基金相比，私募股权投资往往具有如下特点。①与公募投资基金不同的是，私募股权投资基金的资金募集是非公开性的，投资者的数量比较少，一般在 200 人以下，因为私募股权投资基金募集的资金数额一般都比较大，需要基金的投资者承担一定的投资风险，因此，对私募股权投资基金的投资者往往是有一定要求的，如投资人必须具有一定的经济实力等。②募资推介受到的限制较大。一般来说，公募投资基金可以通过如在微信、电视、广播、网站、报纸等媒体上发布公告，在商业银行、证券公司、信托投资公司等金融机构的柜台投放招募说明书等方式进行宣传，但是私募股权投资基金不能直接或间接通过这些渠道进行推介募资等活动。③相对公募投资基金而言，私募股权投资基金受到政府和行业协会等的监管相对宽松。公募投资基金的投资人非常广泛，一旦出现问题，对经济社会会产生很大的影响，而私募股权投资基金的投资人一般有投资人数量的限制，因此，公募投资基金往往会受到政府部门和行业协会的严格监管，如要求基金必须按照证监会的规定定期披露财务等信息。而私募股权投资基金对外披露财务等信息相对较少，甚至社会公众对其几乎没有了解。④其属于权益性质的投资。私募股权投资基金投资于上市公司或非上市公司的股权，对于被投资企业来说，企业的融资方式有债务融资和权益融资等，私募股权投资基金对企业的投资往往是投资于被投资企业的所有者权益。

二、风险投资（VC，Venture Capital）的定义和特点

风险投资又叫创业投资，根据美国风险投资协会（NVCA）的定义，风险投资是指由职业金融家投入到新兴的、迅速发展的、有巨大竞争潜力企业的一种权益性质的投资。欧洲风险投资协会（EVCA）则认为风险投资是由专门的投资公司，向具有很大发展潜力的成长型企业，或扩张型、重组型的未上市企业，提供资金支持和企业管理等增值服务的一种投资行为。国际经济合作与发展组织（OECD）1996年在其发表的《风险投资与创新》研究报告中认为风险投资是一种向具有很大发展潜力的创业型企业或中小型企业提供企业发展需要资金的投资行为。成思危（1999）认为风险投资是以高新技术企业为投资对象，通过承担被投资企业的较大风险，利用其自身的各种资源促进被投资高新技术企业的发展，最终退出企业所投股权以获得较高的资本回报。

风险投资一般具有如下特点。①与私募股权投资基金不同的是，风险投资的投资对象往往是处在创业期或成长期并具有高新技术特点的中小型企业，因此，风险投资的投资领域以高新技术企业为主，当然也有一些如教育培训、物流、连锁餐饮等传统行业的企业。②风险投资一般会参与被投资企业的经营管理特别是被投资企业的

公司治理。风险投资一般不以获取企业的控制权为目的，而是更多地着眼于被投资企业的发展，来谋求退出时较高的回报。因此，风险投资往往会积极地参与企业管理。风险投资背后往往有大量专业的中介机构支持，如投资银行、咨询公司、律师事务所和会计师事务所等，这些中介机构的参与能够给被投资企业带来财务管理、公司战略管理、资本市场上市融资等方面的支持。同时，当风险投资持有被投资企业的股份达到一定的比重之后，往往会向被投资企业董事会、监事会派出一个或者多个董事、监事，参与被投资企业的公司治理。③风险投资主要以被投资企业在资本市场 IPO 的方式来退出所投资企业股权。风险投资的目标就是获得较高的投资回报，风险投资有如被兼并或收购等多种股权退出方式，然而，我国中小板、创业板以及新三板的推出，为风险投资在资本市场 IPO 退出提供了可能，并且相对于被投资企业被兼并或收购的股权退出方式而言，被投资企业在资本市场 IPO 的股权退出方式能给风险投资带来更高的投资回报。

三、私募股权投资和风险投资的关系

私募股权投资和风险投资有如下区别。第一，投资理念不同。风险投资看中被投资企业的未来潜力，因此对企业是否具有成长性比较关注，投资收益来自企业的未来成长。私募股权投资是通过帮助被投资企业的特定目的如兼并收购、公司上市等来实现自身的投资收益。第二，投资阶段不同。风险投资主要投资于企业的初创阶段，如对于创业企业或成立时间不长的中小企业，私募股权投资主

要投资于具有一定企业规模，且企业的主营业务已经能产生稳定现金流的较成熟企业。第三，投资规模不同。一般来说，风险投资的投资规模相对要小，单项投资额往往并不大，而私募股权投资的单个项目投资规模往往较大，有些可以达到数十亿元甚至更大的投资规模。第四，风险收益不同。风险投资的投资对象一般是创业企业、中小企业或是高新技术企业，这些企业往往具有较高的风险，而私募股权投资的投资对象是相对较成熟的企业，投资风险往往比风险投资要低，但投资收益也往往要比风险投资低一些。因此，私募股权投资和风险投资最大的区别是投资企业的阶段不同，一般风险投资比私募股权投资所投资企业的阶段会更早。两者的另一个比较明显的区别是对被投资企业的持股比例，风险投资一般不谋求对被投资企业的控制权，所以对企业的持股比例往往远低于50%，而私募股权投资往往会谋求对被投资企业的控制权，其通常对被投资企业的持股比例会大于50%。

目前，私募股权投资和风险投资的投资界限也越来越模糊，在实务界也越来越难以划分。很多传统意义上的风险投资现在也介入私募股权投资业务，而许多传统意义上的私募股权投资也参与风险投资项目。如国内著名的风险投资机构深圳市创新投资集团有限公司也正在介入私募股权投资业务，而全球著名的私募股权投资机构凯雷投资集团也在介入风险投资业务。因此，私募股权投资和风险投资的界限变得模糊，甚至经常会被混用。从私募股权投资和风险投资的特点来看，广义的私募股权投资包括风险投资，即风险投资属于广义私募股权投资的一部分。然而，随着全球经济的不断发展，及股权投资市场的激烈竞争，私募股权投资和风险投资的区别将越来越小，越来越不好进行区别，两者有逐渐融合的趋势。

四、本研究对 PE/VC 的界定

从对 PE/VC 的定义来看，国际国内对 PE/VC 并没有统一的定义。借鉴国际国内的主流定义，结合私募股权投资和风险投资区别越来越小的趋势和向 PE/VC 公司、被投资公司、涉及相关业务的会计师事务所等进行调查、访谈或咨询等获得的信息，本书对 PE/VC 的概念界定如下：以非公开方式募集基金资本，以盈利为目的，以财务投资为策略，以非上市企业股权为主要投资对象，根据需要为被投资企业提供如战略管理、公司治理等增值服务，聘请专业人士作为基金管理人，在限定时间内通过股权增值和退出实现收益的权益性投资。

第二节　PE/VC 投资、股权结构对企业绩效
影响的机理分析

企业的股权结构决定了企业股东以及股东大会，进而决定了企业董事会、监事会和管理层的组成，而企业股东大会、监事会和管理层是公司治理结构的利益主体。因此，股权结构决定企业的性质，决定企业的利益分配模式和组织结构模式，是公司治理的基础，从而影响企业绩效。股权结构对企业绩效产生影响的途径主要是外部

与内部治理机制，产生的外部治理机制主要是外部代理权竞争、接管机制，产生的内部治理机制主要是监督和激励机制。企业引入PE/VC 投资之后，一方面改变了被投资企业的股权结构，另一方面向被投资企业提供公司上市、人力资源管理、企业运营、管理咨询、技术创新等增值服务，从而影响企业绩效。具体作用机理如下图3.1。

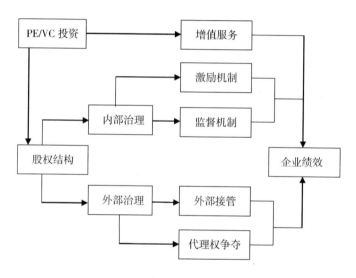

图3.1 PE/VC 投资、股权结构对企业绩效影响的机理

一、股权结构通过激励机制影响企业绩效

在现代企业中，企业所有权和经营权普遍是分离的，在股份有限公司体现得最为明显，因此，作为委托人股东和代理人企业管理层就形成了委托代理关系。在委托代理关系中，企业股东和管理层有各自不同的效用函数，都希望能实现自己利益的最大化，不同的效用函数会导致两者之间的利益冲突。在企业中就表现为，作为委

托人的企业股东希望能够获得最大的资本增值，追求股东财富最大化。而作为企业代理人的管理层则希望实现自己的薪酬总收入、个人声誉、在职消费、业余闲暇时间等各方面效用的整体最大化，企业管理层就有可能通过降低工作强度等方式来追求自身利益的最大化。而企业建立有效的激励机制能够降低股东与企业管理层的委托代理成本，使企业股东的利益和企业管理层的利益趋向一致，提高企业绩效。对股权相对集中的企业来说，企业大股东可以更自主地选择企业管理层，并且随着企业管理层持股比例的增加，企业管理层的利益与股东的利益更为一致（Morck 等，1988）。这时企业建立的激励机制会更为有效，可以较好防止企业管理层的道德风险和逆向选择风险。假如企业股权较分散，企业股东就难以与企业管理层达成一致的利益，企业激励机制就难以发挥作用。

二、股权结构通过监督机制影响企业绩效

企业股东持股比例的多少会影响其监督企业的效率和效果。在企业股权相对较集中时，企业的大股东就会有足够的动力去监督企业管理层。如果企业的大股东不仅进入治理层还参与企业的经营管理，则企业股东和管理层之间的信息不对称会减少，这时企业股东对企业管理层进行的监督更有效，企业绩效也会更好一些（Shleifer，Vishny，1986）。相反，企业股权集中度相对不高时，往往就会影响企业股东对企业管理层的监督效果。主要原因就是企业每个股东的股份都比较少，单个股东监督企业管理层的收益不大，而监督成本却较高，因此，企业股东就没有动力去监督企业管理层的经营管

理活动，都期望其他企业股东能去监督企业管理层，对企业绩效产生负面的影响。Berle 和 Means（1932）认为企业股权的高度分散使企业股东的效用受到损害，企业股东缺乏足够的动力去监督企业管理层的经营管理活动，这很有可能会导致企业管理层的内部人控制问题，从而给企业绩效带来负面的影响。

三、股权结构通过外部接管机制影响企业绩效

企业不同的股权结构可能会通过外部接管机制来影响企业绩效。对于股权集中度较高的企业来说，企业大股东往往具有企业的控制权，这时企业大股东往往会抵制企业被外界并购，同时并购方往往也需要支付更高的溢价来并购企业，因此，股权集中度较高的企业被外界并购的可能性相对来说会更小。然而，对于企业集中度不高的企业来说，因为企业没有大股东，各个股东难以联合抵制企业被并购，各股东也没有企业控制权收益，企业股权的流通性也更强，并购方更容易实现并购企业。无论企业股权集中度是高还是低，对于企业管理层来说，企业被并购往往就意味着失业，因此，企业管理层为了降低企业被并购的可能性，往往会努力提高企业绩效。

四、股权结构通过代理权争夺机制影响企业绩效

对于企业股权集中度较高的企业来说，企业大股东对企业有较大的控制权，能够通过企业董事会决定企业管理层的任命，假如企业大股东对企业管理层并不满意，则企业大股东就可以通过企业董事会来更换企业管理层。然而，对于企业股权集中度不高的企业来

说，由于企业没有大股东，企业所有权和经营权往往存在较大程度上的分离，企业股东和管理层的信息不对称问题也会比较严重，企业管理层掌控了企业的人力资源以及企业的经营管理信息等，产生了企业的内部人控制，即使企业股东不满意企业管理层的经营管理，企业股东也很难通过企业董事会去更换企业管理层。

五、PE/VC 投资对企业绩效的影响

PE/VC 投资对企业绩效产生影响，一方面是通过影响被投资企业的股权结构。一般来说，PE/VC 投资的目的不是控制被投资企业，而是获得资本回报，其一般是被投资企业的主要股东，但不是企业的最大股东。通常会成为被投资企业董事会或监事会成员，参与被投资企业的公司治理。PE/VC 投资通过改变被投资企业的股权结构，参与被投资企业的公司治理，最终影响企业绩效。另一方面是通过向被投资企业提供增值服务。PE/VC 投资会参与被投资企业的财务顾问、人力资源管理、企业运营、管理咨询等活动（Sapienza，1992），从而提高企业绩效。

第三节　理论基础

一、委托代理理论

在 20 世纪 70 年代，针对现代企业制度运行中作为委托人的股

东和作为代理人的企业管理层之间关系的矛盾，Jensen 和 Meckling
（1976）在研究现代企业信息不对称等问题时首次提出了企业的委托
代理理论。委托代理理论是建立在信息不对称等理论基础上的一种
契约经济理论，属于制度经济学理论的范畴，其主要研究在参与人
信息不对称情况下，各参与人之间如何签订最优契约的理论。在信
息经济学中，代理人是指在委托代理关系中处于相对信息优势且接
受委托人授权的那一方，委托人是指在委托代理关系中处于相对信
息劣势而且由于信息不对称其行动受到制约的一方。当委托人将某
种事项委托给代理人完成时，委托人和代理人就产生了委托代理
关系。

委托代理关系的产生是因为专业化分工的普遍存在以及企业的
所有权和经营权的分离。在出现专业化分工之后，每个人只有从事
与其专业相关的工作才更有效率和效果，而其他工作仅凭自身的资
源和能力是难以完成的，因此，需要将自身不擅长的工作委托给专
业人士来执行。现代企业制度的主要特征是产权清晰、权责分明、
科学管理，是以企业所有权与经营权相分离为基础的，特别是股份
有限公司，大多数企业股东并不参与企业经营管理活动，因此，企
业的所有权和经营权的分离会产生委托代理问题。企业委托代理问
题的产生主要有以下几种原因。①作为股东的委托人和作为企业管
理层的代理人之间的信息不对称。相对于委托人企业股东而言，代
理人企业管理层在企业的经营管理等方面比股东具有信息优势，企
业股东难以对企业管理层实施有效的监督。②委托人和代理人之间
的目标函数并不完全一致。作为委托人股东的目标是实现企业的股

东财富最大化以及企业长远发展，作为代理人的企业管理层则希望实现自己的薪酬总收入、个人声誉、在职消费、业余闲暇时间等各方面效用的整体最大化，能最大限度地实现自己的利益，并不一定会以股东的目标作为自身的目标。③企业契约的不完全性。企业股东和管理层的委托代理关系是一种契约的关系，作为企业委托人的股东授权作为企业代理人的管理层来经营管理企业。然而，企业委托人与代理人订立的契约往往是不完全的，并没有完全有效的契约能够激励约束企业代理人将委托人的目标作为自身的目标，达到企业委托人和代理人效用函数完全一致。

在委托代理理论中，代理问题有道德风险和逆向选择这两种典型的表现形式。道德风险是指在委托人和代理人之间存在信息不对称的情形下，委托人不能监督代理人的行动或当监督成本过高时，代理人在不完全履行契约时所采取的使自身效用最大化的行为，损害了委托人的利益。逆向选择是指在委托人和代理人之间存在信息不对称的情形下，委托人不知道代理人的经营管理能力等信息，这时委托人只能根据人力资源市场上代理人的平均经营管理能力水平提供薪酬，而高于平均经营管理能力水平的代理人则会退出市场，委托人则采取进一步降低代理人的平均薪酬的应对方案，这会导致更多的高于平均经营管理能力水平的代理人退出人力资源市场。从上述内容可以看出，道德风险问题和逆向选择问题都是因为委托人和代理人信息的不对称造成的。道德风险和逆向选择的区别在于，道德风险存在于双方订立契约之后，而逆向选择则发生在双方契约订立之前。具体来说，道德风险是在委托人股东与代理人企业管理层双方订立契约之后，企业管理层利用自己所具备的有关企业经营管理活动信息的优势，通过隐性信息或隐性行为做出损害企业股东利益的行为，实现个人利益的最大化。逆向选择则是在委托人和代理人信息不对称的情形下，能力较低的企业管理层驱逐能力较高的企业管理层。企业管理层道德风险所产生的代理问题很有可能会导致企业的内部人控制。

制度经济学理论认为，要减少企业股东和管理层之间的委托代理成本，建立和完善企业管理层的激励约束机制是关键。作为委托人的企业股东需要解决的是，在企业股东和管理层存在信息不对称的情况下如何去激励、约束和监督作为代理人的企业管理层，以激励企业管理层的经营管理行为符合作为委托人企业股东的利益。对企业管理层的激励约束机制方法主要有三种。①利用产品等市场竞争机制约束企业管理层的经营管理行为。激烈外部产品等市场竞争，将自动约束企业管理层的经营管理行为，为了保住其在企业中的职位，企业管理层就会减少个人在企业中的在职消费等，努力经营管理好其所在企业，提高企业的经营绩效。②将部分企业的剩余索取权分配给作为代理人的企业管理层。为了能长期激励企业管理层经营管理好企业，提高企业绩效，可以在企业中实施企业管理层持股，进行管理层股权激励，参与企业剩余索取权的分配，使企业股东和管理层的效用函数趋向一致。③设计多样化、合理的管理层激励约束方案。在设计管理层激励方案时，可根据企业和管理层的特点，实施年薪制、股票期权、虚拟股票、在职消费、年终分红等措施，并对企业管理层的经营管理活动进行有效的监督和评价。

在 PE/VC 投资企业的过程中，PE/VC 投资机构和被投资企业就形成了委托代理关系。被投资企业拥有企业经营管理的绝大部分信息，是企业信息的优势方，而 PE/VC 投资机构一般并不参与被投资企业的经营管理活动，对企业经营管理的详细情况也并不了解，属于企业信息的劣势方。同时，PE/VC 投资机构和被投资企业二者之间往往存在严重的信息不对称问题，这很有可能会导致 PE/VC 投资机构和被投资企业之间的道德风险和逆向选择问题的出现。道德风险问题一般发生在 PE/VC 投资机构与被投资企业签订相关股权投资契约之后，这时 PE/VC 投资机构已经对被投资企业进行了投资，由于 PE/VC 投资机构对被投资企业实际经营管理活动并不是十分熟悉，导致被投资企业可能会存在有损 PE/VC 投资机构利益的行为发生。而逆向选择问题发生在 PE/VC 投资机构将其资金投入到企业之前，由于对被投资企业的经营管理等情况缺乏了解，绩效不好的企业相对更愿意进行股权融资，而绩效较好的企业反而退出股权融资。

二、公司治理理论

1. 内部治理机制。李维安（2010）认为公司治理有广义的公司治理和狭义的公司治理，广义的公司治理是通过一套正式或非正式的内部或外部的制度或机制来协调企业与企业股东、债权人、供应商、雇员、政府、社区等利益相关者之间的利益关系。狭义的公司治理则是企业股东对企业管理层的一种监督和制衡机制，是企业内部的董事会、监事会和企业管理层之间的利益关系。因此，狭义的公司治理是指内部治理，而广义的公司治理则既包括内部治理，也包括企业的外部治理。内部治理往往是企业公司治理的核心，其主要作用是组织好企业董事会及其如审计委员会等各专门委员会，促进企业大股东对企业的关心和关注，保证企业会计信息披露及其披露质量，监督和激励约束企业管理层履行其对企业股东的责任，做好企业股东对其的委托责任。

企业内部治理机制主要包括五个部分。

（1）股权结构。股权结构是指企业股份总额的内部结构，主要指企业最大股东或主要股东所持有的股份数量占企业股份总数的比例等，包括企业股权集中度、股权制衡度、内部人持股比例等。也有另外一种定义，是指企业发起人股、国有股、法人股、内部职工股、社会公众股、外资股等各种股份在企业总股本中所占的比例关系。企业股权集中度是企业股权结构在数量上集中程度的反映，是企业各个股东持有股权的分布情况。股权集中度是衡量企业股权稳定性程度的重要标志，也是反映企业股权分布状态的主要指标。典型的企业股权集中度有以下两种类型：第一种是企业股权相对分散，在这种类型企业中，企业的所有权和经营权往往较大程度地分离，一般没有大股东存在，企业股权都分散在众多小股东的手中；第二种是股权集中度较高，企业大股东持有企业的大部分股权，企业往往有控股股东。所谓股权制衡是指由多个股东而不是由极少数企业股东掌握企业的控制权，通过多个企业股东之间的相互牵制，使得任何一个企业股东哪怕是企业的最大股东也无法拥有企业的控制权，这样达到企业众多股东之间相互能够监督的目标，这种股权结构既能保留企业股权相对集中的优势，又能在一定程度上有效抑制大股东对中小股东的侵害。企业内部人持股是通过企业内部人如企业管理层等获得企业股权形式给予企业内部人一定的经济权利，使其能够以企业股东的身份参与企业决策、分享利润、承担风险，从而勤勉尽责地为企业的长期发展服务的一种股权激励方法。企业的股权结构决定了企业股东以及股东大会，从而能决定企业董事会、监事会和企业管理层的人员组成，而企业股东、股东大会、监事会和企业管理层是企业公司治理结构的主体。因此，企业股权结构决定了企业的性质，决定了企业的利益分配模式和企业组织结构，是企业公司治理的基础。

（2）董事会。企业董事会是按照相关法律法规由企业股东大会选举产生的，是仅次于企业股东大会的权力机构，是代表企业全体股东利益执行企业业务的常设机构，由企业董事组成，向企业股东承担受托责任，是企业公司治理的核心，对企业股东大会的决策进行执行。在现代企业特别是股份有限公司中，由于企业股东数量众多，这些企业股东特别是企业的外部股东往往没有足够的时间和精力参与企业的日常经营管理活动。因此，企业股东委托企业董事会进行经营决策，企业董事会委托企业管理层进行经营管理。企业董事会的主要职责一般是审议企业的各项章程，决定企业业务方针，拥有企业重大决策权，审查企业预算、决算，进行企业重要人事任免等。企业董事会的特征如董事长与总经理是否两职合一、董事会会议频率、董事会规模、董事会股权激励、独立董事比例等往往会影响董事会在企业中的作用。

（3）监事会。企业监事会是依照相关法律的规定，由企业股东大会选举产生，与企业董事会平行，是企业内部行使对企业董事会、企业管理层等是否履行职责进行监督的机构。企业监事会设置的意义是监督和保护企业的股东、债权人和职工等的整体利益。在我国上市公司中，对企业管理层的监督有企业监事会和企业独立董事，但是其对企业管理层的监督是不同的。独立董事作为企业董事会成员之一，其通过参与企业董事会会议的方式参与企业重大经营和财务决策的监督，而监事会对企业的监督与独立董事对企业的事前监督有所不同，监事会对企业的监督是事后监督。作为企业内部监督的监事会有以下职权：一是列席企业董事会会议，监察执行企业业务的董事会有无违反相关法律法规的行为；二是随时调查企业业务状态，要求执行企业业务的董事和管理层报告企业的经营管理情况；三是调查企业财务状态，查阅企业会计报表、账簿和会计资料；四是审核企业决算表册和企业股利的分配方案；五是代表企业股东对企业董事或企业管理层提出诉讼等等。企业监事会成员需要参与企业董事会会议，并且本企业监事不能由本企业的董事和管理层兼任，但需要一些职工代表进入监事会。企业监事会特征如监事会会议次数、监事会规模、监事会股权激励、独立监事比例等往往会影响监事会在企业中的作用。

（4）企业管理层激励。企业管理层的薪酬制度是企业公司治理的重要工具之一。作为委托人的企业股东希望能够获得最大的资本增值，追求股东财富最大化。而作为企业代理人的管理层则希望实现自己的薪酬总收入、个人声誉、在职消费、业余闲暇时间等各方面效用的整体最大化，企业管理层就有可能通过降低工作强度等方式来追求自身利益的最大化。作为内部人的企业管理层较外部股东而言，企业管理层更拥有有关企业内部信息的优势，其可能会利用这些优势，损害企业股东的利益，由此就产生了道德风险和逆向选择的问题。委托代理理论认为，企业构建适当的企业管理层薪酬制度将会促使企业管理层以股东财富最大化为目标。设计合理的企业管理层激励和约束机制对降低企业的委托代理成本有积极的影响。作为委托人的股东想实现自身股东财富最大化，其核心任务就是要设计相应的契约，能有效激励约束和监督代理人的企业管理层，充分激起企业管理层的主观能动性。为解决企业股东和管理层委托代理关系所产生的代理问题，防止企业管理层的道德风险和逆向选择问题出现，最大限度地降低企业代理成本，就需要将企业股东的股东财富最大化目标与企业管理层的个人利益最大化目标相融合。

（5）会计信息披露和透明度。企业会计信息披露和透明度是指企业以财务报告和公司公告等方式向企业外部股东、债权人等外部会计信息使用者披露有关企业财务状况、经营成果、现金流量、公司治理等方面情况。而会计透明度包括企业会计准则的制定和执行、会计信息质量标准、信息披露与监管等，是企业公司治理的外在表现，是企业公司治理要素综合作用的结果。为保护企业利益相关者特别是企业外部股东、债权人等外部会计信息使用者的利益，会计信息的充分披露和会计信息的高度透明都是十分必要的。

2. 外部治理机制。企业外部治理是企业内部治理的补充，通过使企业董事会、企业管理层等经营管理企业的行为接受外界评价，加强企业管理层等的自我控制。外部治理是资本市场、产品市场竞争、职业经理人市场竞争、证券交易所、社会媒体和国家法律等外部力量对企业董事会、企业管理层等经营管理企业行为的监管。外部治理机制一般包括资本市场、产品市场竞争、职业经理人市场竞争以及法律法规体系等。

（1）资本市场。资本市场对企业公司治理的功能是主要通过企业并购产生的，其实质是企业通过控制权市场对企业公司治理产生影响。企业控制权市场是企业通过收购具有控制权地位的企业股权等来获得企业控制权的竞争市场，主要有企业代理权争夺、善意的并购和敌意的并购三种方式。企业控制权市场的作用在于能够为企业股东提供关于企业管理层努力程度的外部信息。由于企业股东和企业管理层的信息不对称，企业股东很难对企业管理层进行监督和评价，这就有可能导致企业管理层出现道德风险和逆向选择。然而，对于企业控制权市场而言，企业的经营管理状况是比较透明的，出现企业管理层的道德风险和逆向选择的企业往往更容易成为企业控制权市场的接管目标。

（2）产品市场竞争。产品市场竞争属于企业日常经营管理活动的最终体现，是整个产品市场对企业经营管理活动的评价。如果一个企业在产品市场竞争上无法得到认可，那么企业产品的价值就无法在市场中得到体现。因此，企业的产品市场竞争在企业稀缺资源有效配置方面有着非常重要的角色，对企业董事会和企业管理层能起到监督的作用。有关产品市场竞争的理论有信息假说、清算威胁假说、管理技术假说、战略选择假说这四种假说。信息假说认为企业产品市场竞争之所以能够对企业管理层的道德风险和逆向选择行为进行监督，很重要的原因就是在完全充分竞争的产品市场环境能够提供有关企业管理层经营管理绩效的信息。清算威胁假说认为相对于垄断或不完全竞争产品市场来说，竞争程度较高的产品市场更容易使那些经营管理绩效不好的企业被并购，而企业管理层往往会在企业被并购后失业，这就表明在完全充分竞争的产品市场环境下，企业管理层道德风险和逆向选择等行为会导致企业管理层个人职业等遭受重大损失。管理技术假说认为在竞争程度不同的产品市场环境下，企业管理层的经营管理能力和努力程度会对企业绩效产生很大差异的影响，因此，就是在没有被并购或被清算的危险时，产品市场竞争程度较高的企业管理层比产品市场竞争程度较低的企业管理层受到更多的个人职业上的威胁。战略选择假说认为产品市场的竞争程度会对企业的竞争战略产生重要影响，并且影响的结果会反映在企业管理层的薪酬体系中。

（3）职业经理人市场竞争。职业经理人市场竞争对企业职业经理人员的激励约束功能主要来自职业经理人市场竞争对企业职业经理人员能力等信号传递功能。对于企业外部的职业经理人市场而言，对企业职业经理人员最重要的评价指标就是职业经理人员职业经历的价值衡量标准。如果企业职业经理人在其职业经历中企业能不断地发展壮大，企业经营绩效能不断提升，那么职业经理人员的价值必然会得到职业经理人市场的认可，这时职业经理人市场就更有可能获得更高的企业职位、更多总薪酬等职业收益。由于职业经理人市场竞争对其的激励约束作用，职业经理人员的道德风险和逆向选择的风险以及偷懒等行为所付出的代价是十分昂贵的，因此，企业职业经理人员即使没有企业董事会、监事会和股东的监督，职业经理人员也会为了个人利益的最大化而努力经营管理好企业，提高企业绩效。

（4）法律法规体系。法律规范作为企业的约束性制度，其主要功能是从法律规范的保护性和约束性两个方面来体现在法律规范成为企业公司治理的外部影响因素，企业完善的法律法规体系可以保证企业外部股东、债权人等权利得以实施。外部股东或企业债权人之所以将自己的资金交给企业进行经营管理，主要是因为法律规范对企业股东和债权人的保护，企业股东或特殊时期的企业债权人对企业重大经营和财务决策拥有控制权。企业重大经营和财务决策的权利包括选举企业董事会、监事会和管理层成员，企业的并购事项，企业重大融资，企业经营利润的分配等。

三、PE/VC功效假说理论

PE/VC功效假说理论主要有认证假说、监督假说、逆向选择假说和哗众取宠假说四种典型观点，其中认证假说、监督假说认为企业引入PE/VC投资机构对被投资企业有促进作用，而逆向选择假说和哗众取宠假说则认为企业引入PE/VC投资机构不仅不能提高被投资企业的经营绩效，反而对被投资企业绩效有负面的影响。

1.认证假说。认证假说认为PE/VC投资机构对被投资企业在资本市场上市可起到认证的作用。PE/VC投资对被投资企业的认证作用可以消除被投资企业在资本市场上市融资过程中信息不对称的影响，一方面可以减少机构投资者或个人投资者与上市公司之间的信息不对称，另一方面提高了机构投资者或个人投资者对被投资企业的认可程度，这两方面可以促进被投资企业在资本市场上市后有更好的企业绩效表现。认证假说认为，被投资企业在资本市场上市融资之前为了取得较好的融资效果，如以较高的市盈率或市净率来发行股票，企业一般情况下不会披露对企业有负面影响的相关信息，因此，企业会计等信息的披露不一定完全。而 PE/VC 投资机构是一个企业，是以盈利为目的的机构，在对被投资企业进行股权投资之前都会对被投资企业进行详细的尽职调查，深入了解被投资企业的经营管理等各项信息，PE/VC 投资机构会选择有发展潜力的优质企业进行投资，这时 PE/VC 投资机构就可以起到独立第三方认证的作用。PE/VC 投资机构认证一般有以下几种途径。首先，PE/VC 投资机构是资本市场上的金融中介，会投资企业并辅导被投资企业在资本市场上市融资。因此，为了保持与资本市场各方的关系，PE/VC 投资机构有着强烈的动机去建立自身的声誉，而且 PE/VC 投资机构与资本市场其他中介机构之间的关系越好，就越能吸引优秀的被投资企业。其次，良好的声誉能促使 PE/VC 投资机构与资本市场上的其他中介机构建立持久合作关系。PE/VC 投资机构作为资本市场上专业化的金融中介，能有效地降低被投资企业管理层等的逆向选择问题和道德风险，这也能起到认证的作用。所以，对于一般的投资者来说，假如一个企业得到 PE/VC 投资机构的投资，往往代表这个企业有较好的发展前景，就能吸引到更多的投资者来买该企业的股票。

2. 监督假说。监督假说认为 PE/VC 投资机构作为一种专业性的股权投资机构，通过投资前的筛选过程能够识别企业的经营管理情况，即使有些企业在初期企业绩效不好，在通过得到 PE/VC 投资机构提供的监督和增值服务后仍会成长为绩效良好的企业，也就是说，PE/VC 投资机构通过对被投资企业的事前、事中和事后的监督等来提高企业的经营绩效。PE/VC 投资机构对被投资企业的监督作用表现在提高企业自身的运作管理能力，也体现在 PE/VC 投资机构为被投资企业在资本市场上市融资提供增值服务。同时，因为 PE/VC 投资机构持有被投资企业的股份，其也会运用自身各方面的资源，通过参加企业股东大会、董事会、监事会或企业重大的经营管理决策，为企业提供管理咨询和监督企业管理层的企业经营管理，使被投资企业沿着正确的发展方向前进。

3. 逆向选择假说。逆向选择假说认为在资本市场上各参与人存在着信息不对称，PE/VC 投资与被投资企业之间同样也存在着信息不对称，PE/VC 投资机构并不能完全深入地了解被投资企业的经营管理的实际情况，因此其对被投资企业价值做出准确的评估是很有难度的。较好企业的价值通常会被 PE/VC 投资机构低估，而较低绩效的企业又往往被 PE/VC 投资机构高估，这样可能会导致融资市场上一些绩效较差的企业反而得到 PE/VC 投资机构的投资，而另外一些绩效较好的企业反而会放弃 PE/VC 投资机构的投资。因此，一些得到 PE/VC 机构投资的被投资企业在资本市场上市融资后的企业绩效反而会差于没有 PE/VC 投资机构投资的企业，这就出现了 PE/VC 投资的逆向选择现象。

4. 哗众取宠假说。哗众取宠假说认为，与成立时间更长的 PE/

VC 投资机构相比，新成立的 PE/VC 投资机构为了提高企业的知名度和吸引更多的潜在投资者，会向市场发送企业有较强能力等信号，这些 PE/VC 投资机构更倾向于让被投资企业尽快在资本市场上市融资。然而，这些成立时间不长的 PE/VC 投资机构实际上缺乏提供相关的投资和增值服务的经验，难以吸引到绩效相对较好的被投资企业，从而进一步导致被投资企业在资本市场上市后绩效表现不佳。正是因为这些成立时间不长的 PE/VC 投资机构迫切需要良好的绩效表现，特别是以被投资企业能在资本市场上市融资来提升自己在资本市场上的声誉，因此，这些 PE/VC 投资机构过早地推动尚不成熟的被投资企业在资本市场上市，于是出现了这些 PE/VC 投资机构投资的被投资企业在资本市场上的表现还不如没有 PE/VC 投资机构支持的企业。

四、激励理论

激励理论是在存在委托代理关系的情况下，委托人设计激励方案来激励代理人的理论。目前，大多数企业所有权和经营权相分离，企业普遍存在委托代理关系，因此，在讨论企业内部人持股的理论基础时，激励理论是与其最直接相关的理论。激励理论学者分别从不同角度对其进行研究探索，提出了多种激励理论，主要有马斯洛需求层次理论、克雷顿·奥尔德弗的 ERG 需要理论、弗雷德里克·赫茨伯格的双因素理论等。

马斯洛需求层次理论。20 世纪 20 年代，美国著名社会心理学家亚伯拉罕·马斯洛在研究中提出了需求层次理论。马斯洛需求层次理论将人的各种需要分为五个基本层次，人的各种需要从低到高分别为五种。①生理上的需要。是指人类个人对食物、水、空气、性欲、健康等方面的需要，是人类个人最低级别的基本需要。如果这些需要得不到满足，人类个人的生理机能将难以正常运转，人类个人的生命将会受到威胁。从这个意义上来说，生理上的需要是推动人类个人行动最首要的动力。②安全的需要。同样属于人类个人低级别的需要，人的生理需求得到基本满足后就会产生一系列包括对人身安全、生活稳定以及免遭痛苦、威胁或疾病等的需要。③社会交往的需要。属于人类个人较高层次的需要，假如人类个人在生理和安全上的需求得到满足之后，往往就产生了社会交往的需要。它包括社会交往的愿望、友谊、爱情等需要。④尊重的需要。属于人类个人较高层次的需求，包括自尊心、晋升机会、成就、名声、地位和自信心等方面的需要，要求个人能够得到别人和社会的认可和尊重，这种尊重的需求既包括对成就或自我价值的个人感觉，也包括别人和社会对自己的认可与尊重。⑤自我实现的需要。是人类个人最高层次的需要，指人类实现个人理想和抱负，最大化发挥个人的能力，对真善美和至高人生境界获得的需要。亚伯拉罕·马斯洛认为，人类个人的需要往往是从低层次到高层次依次排列的，只有满足了较低层次的需要，才会产生高层次的需要。人类个人首先追求的是低层次的需要。如人们首先需要吃饭、穿衣、健康，需要有一份稳定的工作，需要保证自身的人身安全不受到外界的威胁，在这个阶段，人类个人追求的往往是这些较低层次的需要。当人们解决了吃饭、穿衣、健康等方面的问题，满足了生理需要和安全需要，人们就会产生更高层次的需要，如需要参与社会交往，渴望得到别人的认可和尊重，希望能实现个人的理想和人生价值。企业可根据人们的需要有五个层次的规律来寻找相应的激励方法，通过满足不同层次人的需要，进而激励管理层的行为，实现组织目标。马斯洛需求层次理论对研究内部人持股有一定的参考价值，企业管理层的需要是属于较高层次的需要，只有给予更多的社会尊重和自我实现方面的需要才能更好地起到激励作用。

克雷顿·奥尔德弗的 ERG 需要理论。美国耶鲁大学行为学家教授、心理学家、管理学家克雷顿·奥尔德弗通过研究认为人有生存、相互关系和成长这三种核心需要。①生存需要。包括人类个人的基本物质生存需要，相当于马斯洛需要层次理论中的生理和安全的需要。②相互关系需要。包括人类个人维持对其重要人际关系的需要，相当于马斯洛需要层次理论的社会交往的需要和尊重需要的一部分。③成长需要。包括人类个人发展的需要，相当于马斯洛需要层次理论尊重需要的一部分和自我实现需要。与马斯洛需求层次理论比较来看，克雷顿·奥尔德弗的 ERG 需要理论和马斯洛需求层次理论有很多相似之处，但是又有不同的部分。马斯洛需求层次理论认为人类个人的需求是严格从低向高的阶梯式，而克雷顿·奥尔德弗的 ERG 需要理论则认为人类个人缺少生存、相互关系、成长这三个层次中的任何一个，不仅会激励人们去追求该缺少层次的需求，也有可能会激励人们去追求高一层次或低一层次的需要。

弗雷德里克·赫茨伯格的双因素理论。美国的行为科学家弗雷德里克·赫茨伯格通过研究一些会计师、工程师的工作满意感与劳动生产率之间的关系，得出影响这些人工作状态的各种因素。第一类因素是激励因素，是指那些能给人们带来积极态度、满意和激励作用的因素，包括认可、成就、责任与发展机会等，如果这些因素具备了，就可能对人们产生正面的激励作用。第二类因素是保健因素，包括公司政策、职工薪酬、企业管理制度、企业文化、人际关系等。保健因素通常涉及工作的消极因素，往往与企业的工作环境密切相关。当职工薪酬、企业管理制度、企业文化、人际关系等保健因素恶化到企业职工无法忍受时，企业职工往往就会产生对工作的负面情绪。然而，当职工薪酬、企业管理制度、企业文化、人际关系等保健因素高于企业职工期望时，往往又起不到对企业职工的激励作用。一般来说，保健因素并不能直接激励企业职工，但保健因素可以消除企业职工的负面情绪。企业管理层总薪酬往往包括年薪和股权激励，根据弗雷德里克·赫茨伯格的双因素理论，企业管理层的年薪属于保健因素，并不会对其产生真正的激励作用，只能消除企业管理层对工作的不满意情绪或防止不满意情绪产生。而企业管理层的股权激励往往代表着成就、认可与发展机会，属于激励因素，能产生真正的激励作用。

五、契约理论

随着新古典经济学的发展，新古典契约理论也跟着发展起来，主要包括瓦尔拉斯的交易契约理论、埃奇沃斯的重订契约理论。新古典契约是一种完全契约，主要特点是契约条款可以在交易事前就制定，在交易事后可以完全执行。新古典契约理论假定不存在任何的交易费用，交易是在完全竞争的环境下完成的，这样所有的契约都是完全的。新古典契约理论假定不存在任何的交易费用和交易是在完全竞争的环境下完成，与现实经济生活并不相符。因此，新古典契约理论，并没有揭开企业的黑箱，只是告诉人们企业如果要组织生产，应该生产多少才能利润最大化，但是其并没有回答人们为什么要采用这样的组织形式的企业来生产和企业生产究竟是如何实现等问题，因此，新古典契约理论并没有得到不断的发展。相对于新古典契约的完全契约特点而言，不完全契约并没有明确规定参与各方在交易中的所有的权利、责任和后果的契约。不完全契约是指契约中的部分内容是不可以观察的，部分内容是可以观察的，但都无法由独立第三方去验证，也就是说，契约是很难在各方订立之前详尽描述和规定相关契约内容的。不完全契约理论是在新古典契约理论基础上发展过来的。在现实经济生活中，由于交易双方所掌握的信息不对称、参与各方的有限理性和契约的签订与实施过程存在交易费用等原因，参与各方订立的契约均属于不完全契约。

　　企业契约理论认为企业是一组契约的集合体。企业股东、管理层、债权人、企业职工等利益相关者为了实现企业价值最大化目标而自愿签订一系列合同，企业就是由这些契约组成的集合体，契约是企业股东、管理层、债权人、企业职工等参与者真实意愿的表达，规范了这些参与者的权利和义务，协调了企业股东、管理层、债权人、企业职工等参与者之间的利益冲突。新古典契约理论认为企业董事会是企业所有股东的代理人，企业董事会能被企业股东有效控制，而且企业董事会往往会使用薪酬激励约束合同激励和监督企业管理层，激励和监督企业管理层能为股东的利益服务。新古典契约理论假定企业股东与企业董事会的效用函数是完全一致的，企业董事会选聘企业管理层并签订薪酬合同，同时企业董事会能有效激励和监督企业管理层并能有效地对企业管理层、对企业经营管理的贡献进行绩效评价，因此企业董事会能完全决定企业管理层的薪酬。新古典契约理论同时还假定企业管理层有足够的动力去做好企业的经营管理，不存在道德风险和逆向选择，并为股东财富最大化而努力。然而，现代企业并不像新古典契约理论认为契约是完全的，而认为其是一系列不完全契约的集合体。由于企业管理层也是理性经济人，企业股东与管理层存在信息不对称，交易费用普遍存在，只有当企业股东与管理层达成某种合适的激励约束合同时，企业管理层才会在所订立合同的约束下努力工作以提升企业绩效，实现企业股东财富的最大化和管理层的个人价值最大化。因此，构建适合的企业管理层激励约束机制尤其是股权激励机制，是解决企业股东和管理层委托代理问题的关键。实行企业管理层持股以实现对其进行股权激励，让部分企业剩余权益由企业管理层分享，如企业管理层通过持有企业股权包括股票、限制性股票、股票期权等方式来分享企业剩余索取权。这样可将企业管理层对个人利益最大化的追求转化为对企业价值最大化的追求，使企业管理层和股东利益趋向一致，让企业管理层更加关心企业的长远发展。

六、信息不对称理论

信息不对称理论是指在市场经济的各种活动中，各类相关人员对有关市场经济活动中的信息了解是有差异的，信息掌握比较充分的相关人员往往处于比较有利的地位，而信息相对贫乏的相关人员则处于比较不利的地位。信息不对称理论认为市场中卖方往往比买方更了解有关商品的各种信息，掌握更多信息的卖方可以通过向信息贫乏的买方传递信息，从而从市场活动中获益。信息不对称理论作为微观信息经济学的一个重要分支之一，一直以来都受到经济学研究人员的广泛关注。传统经济学是基于"经济人"拥有完全信息的假设对市场经济中的交易活动进行研究，认为市场经济交易的双方拥有对称的、完全的信息，及交易双方的地位是平等的。然而在现实的市场经济交易中，各交易方要掌握完全信息是不可能的，传统经济学基于"经济人"拥有完全信息的假设并不成立。

信息不对称理论已经渗透到经济学研究的各个领域。在一个现代公司中，信息不对称问题广泛存在。在企业高管人员的选聘过程中，企业股东或企业董事会与应聘高管之间存在信息不对称，由于应聘高管的管理能力不能被企业股东或企业董事会直接观察到，企业股东或董事会并不清楚应聘高管真实的管理能力，而应聘高管对自己的企业管理能力却十分清楚，管理能力低的应聘高管为取得较高企业职位和较丰厚的企业报酬，往往会夸大自己的企业管理能力，造成企业管理能力较低的应聘高管得到聘用，企业股东或董事会与应聘高管之间的信息不对称而造成的逆向选择问题严重阻碍了企业选聘到合格高管人员的能力；企业股东与企业管理层之间存在信息不对称，企业管理层具有经营管理公司的专用性人力资本，直接参与企业的经营管理，对企业情况最为了解，企业股东特别是中小股东不直接参与企业经营管理而处于信息弱势地位。此外，有关企业管理层努力程度的信息，企业股东不能直接观察到，而企业管理层却对自己的努力程度一清二楚，因此，企业股东与企业管理层之间存在较严重的信息不对称问题。由于企业高管人员与企业股东的目标函数不一致，企业企业股东与企业管理层之间会采取个人效用最大化而非企业股东利益最大化的行为或策略，企业股东与企业管理层之间的信息不对称造成的问题将严重损害企业股东的利益。对于 PE/VC 机构来说，尽管其在投资之前会尽力了解被投资企业相关信息并进行充分的尽职调查，但对于企业管理层特意隐瞒的信息，作为企业的外部人的 PE/VC 机构，还是很难消除这种信息不对称的，因此，PE/VC 机构在入资时才会尽可能签订最优契约，做到了解更多信息，减少信息不对称带来的损失。

七、交易成本理论

交易成本理论是由诺贝尔经济学奖得主科斯 1937 年提出的，交易成本理论的根本论点在于对企业本质的解释。交易成本是在一定的社会关系中，人们自愿交往、彼此合作达成交易所支付的成本。它与一般的生产成本是对应概念。从本质上说，有人类交往互换活动，就会有交易成本，它是人类社会生活中一个不可分割的组成部分。交易成本理论是组织经济学的核心理论，是现代企业理论的重要分支（张维迎，1999），也是现代经济学的重要理论之一。交易成本内涵的界定是交易成本理论的基础，新制度经济学家对交易成本的内涵给出了不同的界定。科斯认为，交易成本是运用市场机制产生的费用，主要包括获得准确市场信息的费用、谈判和签约的费用、契约履行的费用以及企业组织内部运行产生的费用。企业股东、债权人、高管层、员工、消费者、客户、供应商、政府等企业利益相关者为企业的生存和发展投入了大量的专用性资本，企业是与各利益相关者缔结的一系列契约的集合，企业与各利益相关者契约关系的维护是要花费成本的。交易成本理论为经济分析从"黑箱"操作向现实性转化提供了工具，推动了经济学理论概念的创新，为产权理论变革提供了思路。总之，交易成本理论突出的贡献就是把"交易成本"概念纳入经济分析中，从而改变了以往经济学把企业视为生产函数、市场关系由供求曲线表达、各种交易瞬间完成、交易成本为零的假定；确定了交易成本对不同契约安排生成的制度影响，从而使经济学获得了对现实经济问题新的解释力。

第四章

PE/VC 投资、股权集中度对企业绩效影响的实证研究

第一节　理论分析与研究假设

PE/VC 投资机构与被投资企业之间存在信息不对称会产生逆向选择和道德风险的问题。信息不对称是指某些参与者拥有，但是其他参与者不拥有某些信息的一种状态。在信息经济学中，通常将具有相对信息优势、行为最重要，但是又最难监督的一方参与者视为代理人；而将处于相对信息劣势、其行动受代理人私有信息制约的一方参与者视为委托人。当某个委托人选择另一个代理人，将某件事情委托给后者完成时，参与双方就产生了委托代理关系。对于委托代理理论中的信息不对称问题，可以从时间和内容两个方面进行划分。从信息不对称发生的时间来看，不对称可能发生在委托人和代理人签约之前，此时称为事前信息不对称，研究事前信息不对称的博弈模型称为逆向选择模型（Adverse Selection Model）；信息不对称

也可能发生在委托人和代理人签约之后，此时称为事后信息不对称，研究事后信息不对称的博弈模型称为道德风险模型（Moral Hazard Model）。从信息不对称发生的内容来看，参与者可能出现不可观测的隐藏行动，研究这种问题的模型称为隐藏行为模型；参与者也可能出现不可观测的隐藏知识的行为，研究这种问题的模型称为隐藏知识模型（张维迎，2004）。PE/VC 投资机构与被投资企业之间的委托代理关系中，PE/VC 投资机构为委托人，被投资企业为代理人。作为代理人的被投资企业比作为委托人的 PE/VC 投资机构拥有更多的有关被投资企业内部的信息，因此，PE/VC 投资机构为信息劣势的一方，而被投资企业为信息优势的一方。针对 PE/VC 投资机构与被投资企业之间而言，逆向选择问题的产生是因为 PE/VC 投资机构在将资金投入企业之前，对被投资企业的风险缺乏了解，导致具有更高风险的企业相对更愿意采用 PE/VC 投资融资，低风险的企业反而逐步退出市场。这里的不对称"信息"表现在以下方面。经营绩效较差的企业为了吸引 PE/VC 投资机构的投资往往会粉饰财务报告以夸大企业的实力。虽然 PE/VC 投资机构可以借助一些外部途径对企业管理能力的真实信息进行大致判断，但很难做出准确把握。相对于 PE/VC 投资机构，被投资企业对项目各个方面信息的了解要更清楚；同时 PE/VC 投资机构几乎很难获取这些信息。同样，有关被投资企业的市场前景、项目的预期市场反应以及对市场竞争对手的了解，被投资企业往往都比 PE/VC 投资机构能做出更准确的估计与判断。因此，PE/VC 投资机构与被投资企业之间的信息不对称程度是影响企业决定是否采用 PE/VC 投资进行融资的关键因素。而道德风险问题则是指在PE/VC投资机构与企业股权投资合同签订之后，PE/VC投资机构已经进入了企业，由于对企业实际经营过程及其效果缺乏完全了解，导致被投资企业存在偷懒或其他有损PE/VC投资机构利益的行为发生。因为企业管理层往往只有较少的股权，所以企业管理层进行有效投资的激励往往不够，这样就会存在通过过度投资来谋取私人利益，危害PE/VC投资机构或者整体企业利益的行为。更严重的后果是滋生严重的企业"内部人控制"问题。具体表现为企业管理层通过各种手段掌握了企业的实际控制权，其在企业的战略决策架空了PE/VC投资机构。由于我国经理人市场相对不成熟，企业管理层受到的市场约束较弱，因此，道德风险在我国企业管理层中尤其普遍，其后果也更严重。PE/VC投资机构通过提供投资后管理和增值服务规避逆向选择和道德风险。参与的方式有参加企业的董事会企业、直线职能式管理、咨询式管理三种。企业董事会主要是负责企业的经营管理，包括对公司高级管理人员的任免、对企业经营状况的监督和评价、为企业制定发展战略规划等。通常情况下，PE/VC投资机构会派至少一名代表加入被投资企业的董事会，有时会担任被投资企业的董事长。所以，PE/VC投资机构能够影响和控制董事会，通过董事会对被投资企业进行管理和监督，促进被投资企业的发展。直线职能式管理模式是指将企业高层的统一指挥与各部门的专业管理进行有机结合的管理模式。具体来讲，PE/VC投资机构对各类职能部门进行集中统一的指挥，比如研发部门、销售部门和行政部门等。通常，PE/VC投资机构为避免浪费不必要的财力和精力，不会直接接管被投资企业，即不会对被投资企业的日常业务进行干预，只会对企业进行投资后管理，如提供必要的监管等。咨询式管理主要分为两种类型：一种是用于商业决策时的管理支持，另一种是对被投资企业的经营方式和过程提供支持。前者是指当被投资企业因缺乏管理经验而不能做出正确决策时，PE/VC投资机构为其提供咨询服务；后者指 PE/VC 投资机构为被投资企业提供商业机会，并对被投资企业管理方法的可行性及有效性进行测量。

　　PE/VC 投资机构会向被投资企业提供如下的增值服务。第一，企业战略规划支持。企业发展战略对一个企业的重要性是不言而喻的，它是企业前进方向的指引，日常的经营管理都是围绕发展战略展开的，对一个企业的发展非常重要。PE/VC 投资机构常常具备强大的行业资源，由于其有投资过多个企业的经验，因而对企业在发展中一些共性的问题，认识相对比较深入。因此，PE/VC 投资机构可以充分利用自己这方面的经验和资源，在被投企业的董事会中出任董事，并对被投资企业的各项重大决策提供帮助，如协助企业管理层正确分析企业内外部环境的优劣势，制定正确的企业发展战略等。第二，协助规范企业公司治理。很多被投资企业公司治理不够规范，如报税的财务报表与实际情况相去甚远，也不重视股东会、董事会的规范运作，内部人控制现象严重等。PE/VC 投资机构作为富有公司治理经验且极为看重规范公司治理的专业投资者，对于企业规范公司治理具有重要意义。第三，人力资源支持。对企业而言，各方面人才都匹配的管理团队是比较少的，而且在企业不同的发展阶段，管理团队对人才的需求也是不同的，因此，企业有这方面的需要，PE/VC 投资机构可以利用自己的社会关系资源，为企业物色合适的人才。PE/VC 投资机构除了可以向企业推荐人选外，还可以参与企业的挑选过程，为企业提供参考意见。PE/VC 投资机构关注企业管理层，对企业管理层的人选和配置施加影响，有助于降低关键人员遴选上的风险。第四，后续融资支持。PE/VC 投资机构的进入会优化被投资企业股权结构和资产负债结构，还可以通过整合其他股权投资基金、银行贷款、担保公司担保等金融手段，配套解决企业的融资需求。此外，可以为企业策划后续联合投资。当企业发展到一定阶段时，可以帮助企业增资扩股，吸引其他战略投资者进入企业。PE/VC 投资机构还可以通过策划兼并重组、上市等资本运作方式，为被投资企业后续融资进行安排。第五，建立对企业管理层的激励和约束机制。设计企业管理层激励约束机制是现代企业委托代理机制下的重要制度安排。PE/VC 投资机构针对被投资企业管理层的激励约束机制的设计，可以影响企业管理层经营目标的设定，并根据此目标设计企业管理层的薪酬或奖励方案。第六，企业经营中的外部关系网络资源支持。PE/VC 投资机构所拥有的社会关系网络是宝贵的财富，优秀的 PE/VC 投资机构具有广泛的企业关系网络、政府关系网络、金融界关系网络、服务咨询网络、专家网络以及信息资源网络，这些资源如果能有效与企业进行交接，将极有利于企业社会关系环境的改善，也极有利于企业快速健康的发展。企业发展中非常需要诸如法律、税务、独立审计、金融服务等中介服务，企业不可能将这些服务全部内部化，因此，PE/VC 投资机构在这方面也可以提供帮助。第七，企业研发支持。对企业的研发及知识产权保护提供支持，这包括提供相关信息和提供顾问服务甚至资金支持等多个方面的内容。总而言之，对于 PE/VC 投资机构而言，PE/VC 投资机构的回报直接取决于由众多被投企业构成的投资组合的业绩。从这个意义上讲，以各种可能的形式对企业提供投资后管理完全符合 PE/VC 投资机构的利益。PE/VC 投资机构会向被投资企业提供增值服务，有利于提高被投资企业绩效，因此，提出如下假设。

假设 1：在限定其他因素的情况下，有 PE/VC 投资背景的企业的绩效优于没有 PE/VC 投资背景的企业。

对于有 PE/VC 投资背景的企业而言，PE/VC 投资机构持有的投资比例越高，其与企业的运营、发展和利益相关度越高，也就是说，持股比例越高，未来对被投资企业发展影响越大。因此，提出如下假设。

假设 2：在限定其他因素的情况下，PE/VC 投资机构持股比例越高，被投资企业绩效越好。

股权集中度对企业绩效的影响存在"利益趋同效应"和"利益侵占效应"这两种相反的效应。"利益趋同效应"是指当企业股权集中度越高时，企业大股东和企业的中小股东的利益往往更为一致。这主要是因为企业大股东以股东财富最大化作为自身的目标，这就促使企业大股东对企业管理层进行激励和监督，这在一定程度上减少了企业股东和管理层的委托代理成本，因此，股权相对集中的企业相对于股权相对分散的企业而言具有更好的企业绩效。"利益侵占效应"是指企业大股东和外部众多的中小股东的效用函数并不一致，导致企业大股东和外部中小股东往往存在严重的利益冲突，同时企业大股东往往能控制企业，因此企业大股东侵占企业中小股东利益也较常见。随着企业大股东持股比例的提高，大股东对企业的控制力就越强，在缺乏有效外部监督的情况下，企业大股东可能以牺牲其他中小股东的利益来追求自身的财富最大化而不是全部股东财富最大化，提高代理成本，降低企业绩效。因此，股权相对分散的企业比股权相对集中的企业具有较好的企业绩效。

股权集中度是企业股权结构在数量上集中程度的反映，是企业各个股东持有股权的分布情况。股权集中度是衡量企业股权稳定性程度的重要标志，也是反映企业股权分布状态的主要指标。典型的企业股权集中度有以下两种类型：第一种是企业股权相对分散，在这种类型企业中，企业的所有权和经营权往往较大程度地分离，一般没有大股东存在，企业股权都分散在众多小股东的手中；第二种是股权集中度较高，企业大股东持有企业的大部分股权，企业往往有控股股东。股权分散是企业各股东持股相对分散，任何一个企业股东都难以对企业产生实质性的影响。在股权相对分散的企业，往往缺少控股股东，企业拥有众多的小股东，各个股东仅持有企业相对少量的股份，企业股东对管理层实行监督等成本完全由各股东自身承担，监督等收益却在企业所有股东间共享，在这种情况下，企业各股东没有足够的动力也没有能力去监督企业管理层，因此，"搭便车"的现象通常比较严重，企业的实际控制权往往由企业管理层掌控，产生企业内部人控制的现象。在这种情况下，企业股东无法对企业董事会和管理层进行有效监督，企业管理层产生逆向选择和道德风险概率增大，导致企业绩效的降低。Berle 和 Means（1932）在其研究股权结构的文献中，研究了在美国资本市场上企业分散持股时企业股东与管理层之间的关系问题，认为由于企业股权分散，没有任何一个股东能够对企业管理层进行有效监督，企业管理层就有可能做出损害企业股东利益的经营行为，降低企业绩效，同时其研究发现企业股权集中度与会计利润率之间存在着正相关关系。Grossman 和 Hart（1980）在研究中发现，如果企业股权高度分散，企业股东就不会有足够的动力来监督企业管理层。企业股权不集中导致企业绩效下滑，在实务当中也很常见，2014 年，雷士照明罢免企业创始人、CEO 吴长江成为资本市场关注的焦点之一。就在 2012 年之前，雷士照明创始人吴长江与资本方软银赛富投资公司产生纠纷，使雷士照明受到供应商和经销商的集体抵制，当年企业绩效大幅度下滑。而这一次，创始人吴长江和资本方代表王冬雷产生纠纷，导致雷士照明万州工厂停产，每天损失约 200 万元。这不禁令我们想起近年发生的芜湖三益信成制药有限公司股权重组事件，芜湖三益信成制药有限公司股东人数多达几百人，股东之间矛盾激烈，最终不可调和，企业生产经营处在混乱的状态中，企业绩效一路滑坡。雷士照明和芜湖三益信成制药有限公司企业绩效的下滑与企业过度分散的股权有关。在股权集中度相对较高的情况下，企业大股东对管理层具有较强的监督能力，在一定程度上有助于提高企业经营的绩效。然而，当一个企业的股份过度集中而形成大股东时，一方面大股东的出现可以部分解决由于企业股权分散而缺乏监督企业管理层动力而形成的"搭便车"问题，但企业股权过于集中也会导致企业大股东利用手中的控制权谋取私利，追求共同收益以外的私有收益，造成大股东对企业众多中小股东利益的侵害。在企业股权集中度较高的情况下，企业大股东更可能存在着对中小股东侵占的动机和能力。Demsetz（1985）认为企业控股股东与企业外部中小股东的利益可能存在着严重冲突，在企业外部监督不足的情况下，企业控股股东可能会牺牲企业其他中小股东的利益来实现自身利益最大化，因此股权相对分散的企业比股权相对集中的企业具有更好的企业绩效。Leech和Leahy（1991）分析了企业所有权与控制权分离对英国企业价值的意义，研究结论显示企业股权集中度越高，企业价值和企业利润率就越低。Mudambi和Nicosia（1998）通过研究得出企业股权集中度与企业绩效之间存在负相关关系。Johnson等（2000）认为企业控股股东可能以其他股东的利益为代价来追求自身利益最大化，企业控股股东通过企业证券回购、资产转移和利用转移定价进行内部交易等侵占其他中小股东利益。

然而，对于我国上市公司来说，大多数上市公司存在"一股独大"的股权结构，企业控股股东拥有较多股份，企业控股股东对企业发展的影响非常重大。随着企业股权集中度的提高，企业控股股东就占有更多的企业股份，企业控股股东就越有动力去激励和监督企业管理层的经营管理，从而对企业绩效产生正面影响。如果企业控股股东持股比例较低，他们则更有动机利用企业公司治理、财务制度等缺陷，通过企业关联交易等方式掏空上市公司，追求自身利益最大化。同时，我国目前第一大股东的持股比例的均值为36.5%，中位数为34.9%，并没有实现高度集中的情形。因此，本书提出如下假设。

假设 3：在限定其他因素的情况下，股权集中度与企业绩效呈正相关关系。

PE/VC 投资企业所占有股份与企业控股股东相比并不多，它们的目的一般不是获得企业的控制权，而是帮助企业能长期发展，实现未来 PE/VC 所投股份退出时能有较高的投资回报。因此，PE/VC 往往会积极地参与企业的公司治理和经营管理，帮助企业管理层解决企业经营管理中产生的人力资源管理、财务管理、公司战略等问题。同时，PE/VC 背后往往有大量专业的中介机构支持，如证券公司、会计师事务所、律师事务所和管理咨询公司等。此外，PE/VC 机构的组成人员一般是证券公司、会计师事务所、管理咨询公司和上市公司具有丰富管理经验的人员，熟悉现代企业的公司治理结构，因此他们的参与能够给企业带来治理结构、财务管理、资本市场上市融资等方面的支持。许多 PE/VC 持有积极地参与企业管理的理念，从这个角度上讲，PE/VC 不仅仅是企业的投资者，同时也是企业的管理者。因此，对于被投资企业来讲，PE/VC 的参与不仅仅是给企业带来长期、稳定的资本，还能为企业带来先进的技术、管理经验，甚至是市场等。同时，PE/VC 投资企业之后，成了被投资企业的股东，自然会关注被投资企业的绩效。当 PE/VC 持有被投资企业的股份达到一定的比重之后，往往会向被投资企业董事会、监事会派出一个或者多个董事、监事，参与被投资企业的公司决策和监督。随着企业股权集中度的提高，PE/VC 和企业实际控制人越有动力去提高企业的经营绩效。因此，本研究提出如下假设。

假设 4：在限定其他因素的情况下，PE/VC 投资对股权集中度和企业绩效关系有正向的调节作用。

第二节 样本选取与数据来源

选取 2006 年至 2012 年期间中国 A 股上市公司为研究对象，为了确保研究结果的准确度，剔除了以下几种样本。①金融类上市公司。因为它们的会计制度与其他企业不同。②在研究期间为*ST 的公司，因为这些公司或处于财务状况异常的情况，或已经连续亏损两年以上，会影响研究结论的可靠性和一致性。③剔除股权结构等信息披露不全的样本。股权结构、企业绩效数据来自 WIND 数据库和国泰安数据库的上市公司年报和公司治理数据，PE/VC 投资和市场化进程数据分别根据上市公司年度报告和樊纲、王小鲁编制的《中国市场化指数——各地区市场化相对进程报告（2011）》手工收集。

表 4.1　样本上市公司的时间分布和行业分布

行业		2006 年	2007 年	2008 年	2009 年	2010 年	2011 年	2012 年	合计
农、林、牧、渔业		19	18	26	23	26	33	36	181
采掘业		20	25	33	36	43	51	53	261
制造业	食品、饮料	54	51	58	58	65	77	84	447
	纺织、服装、皮毛	48	49	60	57	62	66	73	415
	木材、家具	3	1	5	5	7	8	10	39

续表

行业		2006 年	2007 年	2008 年	2009 年	2010 年	2011 年	2012 年	合计
制造业	造纸、印刷	19	25	28	27	33	37	40	209
	石油、化学、塑胶、塑料	119	126	132	139	171	213	233	1133
	电子	44	58	67	61	91	124	139	584
	金属、非金属	102	112	111	116	140	162	176	919
	机械、设备、仪表	185	177	207	215	262	370	437	1853
	医药、生物制品	80	84	87	85	108	129	135	708
	其他制造业	8	13	13	12	18	21	24	109
电力、煤气及水的生产和供应业		52	54	50	55	56	63	64	394
建筑业		24	28	29	32	33	44	48	238
交通运输、仓储业		49	51	53	56	60	64	70	403
信息技术业		66	71	76	79	125	147	184	748
批发和零售贸易		75	76	77	85	92	117	119	641
房地产业		34	36	48	61	54	75	68	376
社会服务业		34	36	41	45	51	60	71	338
传播与文化产业		6	6	10	10	13	23	35	103
综合类		55	50	59	59	55	43	42	363
合计		1096	1147	1270	1316	1565	1927	2141	10462

第三节 模型设计及其变量描述

本书借鉴已有相关研究的经验，结合我国资本市场的现状，构建如下模型验证提出的假设。

$$ROA = \beta_0 + \beta_1 PV + \beta_2 SOB + \beta_3 INDR + \beta_4 MAR + \beta_5 ASS + \beta_6 OIG +$$
$$\beta_7 ATURN + \beta_8 \sum YEAR + \beta_9 \sum IND + \varepsilon_i \qquad (1)$$

$$ROA = \beta_0 + \beta_1 PVR + \beta_2 SOB + \beta_3 INDR + \beta_4 MAR + \beta_5 ASS + \beta_6 OIG +$$
$$\beta_7 ATURN + \beta_8 \sum YEAR + \beta_9 \sum IND + \varepsilon_i \qquad (2)$$

$$ROA = \beta_0 + \beta_1 EQUITYC + \beta_2 SOB + \beta_3 INDR + \beta_4 MAR + \beta_5 ASS +$$
$$\beta_6 OIG + \beta_7 ATURN + \beta_8 \sum YEAR + \beta_9 \sum IND + \varepsilon_i \qquad (3)$$

$$ROA = \beta_0 + \beta_1 EQUITYC + \beta_2 EQUITYC \times PVR + \beta_3 SOB + \beta_4 INDR +$$
$$\beta_5 MAR + \beta_6 ASS + \beta_7 OIG + \beta_8 ATURN + \beta_9 \sum YEAR + \beta_{10} \sum IND + \varepsilon_i \qquad (4)$$

各变量的具体含义如下：

表 4.2 变量含义说明

变量名称	变量标识	变量定义
总资产收益率（ROA）	ROA（A）	净利润/总资产余额
	ROA（B）	净利润/总资产平均余额
股权集中度（EQUITYC）	EQUITYC1	公司第一大股东持股比例
	EQUITYC2	公司前三位大股东持股比例之和
PE/VC 投资	PV	有 PE/VC 投资为 1，无 PE/VC 投资为 0
PE/VC 持股比例	PVR	PE/VC 投资机构持被投资企业股份的比例
董事会规模	SOB	董事会成员总人数

变量名称	变量标识	变量定义
独董比例	INDR	公司独立董事人数除以董事会成员人数
市场化进程	MAR	市场化进程总体指数
公司规模	ASS	期末总资产的自然对数
营业收入增长率	OIG	（本年营业收入－本年年初营业收入）／本年初营业收入
总资产周转率	ATURN	营业收入/资产总额期末余额
年度哑变量	YEAR	是本年度为 1，否则为 0
行业哑变量	IND	是本行业为 1，否则为 0
残差	ε	随机误差项

第四节　实证分析

一、描述性统计

如下表 4.3 所示，ROA（A）的均值为 0.0435，标准差为 0.04878，ROA（B）的均值为 0.0482，标准差为 0.05295，但极小值与极大值之间的差异较大，这初步说明了对我国上市企业绩效进行分析的必要性。股权集中度（EQUITYC1、EQUITYC2）的均值分别是 36.4725 与 49.1243，这说明我国多数上市公司的股权较集中，"一股独大"的现象普遍存在，标准差分别是 15.31607 与 15.81521，而且极大值和极小值之间的差异迥然，这表明我国上市公司股权集中度存在较大差异。PVR 均值为 1.2738，极大值达到 72.4，极小值只有0,这表明我国上市公司中在有PE/VC投资的企业,PE/VC投资的持股比例也并不高。

表4.3 描述性统计

变量	N	均值	中值	标准差	极小值	极大值	25%	50%	75%
ROA(A)	10462	0.0435	0.0384	0.04878	-0.2918	0.28273	0.01609	0.0384	0.06711
ROA(B)	10462	0.0482	0.04134	0.05295	-0.26221	0.3082	0.01664	0.04134	0.07374
EQUITYC1	10462	36.4725	34.93	15.31607	2.2	89.41	24.09	34.93	47.73
EQUITYC2	10462	49.1243	49.26	15.81521	2.67	97.95	37.71	49.26	60.2825
PVR	10462	1.2738	0	5.00393	0	72.4	0	0	0
PV	10462	0.19	0	0.396	0	1	0	0	0
SOB	10462	9.14	9	1.837	4	18	9	9	9
INDR	10462	0.36396	0.33333	0.0522	0.09091	0.8	0.33333	0.33333	0.375
MAR	10462	8.8651	9.02	2.04151	0.29	11.8	7.39	9.02	10.42
ASS	10462	21.69561	21.53139	1.23064	17.66334	28.40521	20.8326	21.53139	22.36131
OIG	10462	0.164	0.08621	0.42073	-0.99409	1.99328	-0.06866	0.08621	0.31118
ATURN	10462	0.72802	0.59568	0.59024	0.00141	10.01523	0.38294	0.59568	0.89339

二、相关分析

表4.4中显示了本文模型中各研究变量之间的相关关系,ROA(A)与EQUITYC1、EQUITYC2之间的相关系数分别为0.118、0.197,且都在1%的水平上显著,ROA(B)与EQUITYC1、EQUITYC2之间的相关系数分别为0.117、0.208,且都在1%的水平上显著,这初步表明股权集中度与企业绩效呈正相关关系,与研究假设一致。ROA(A)与PVR之间的相关系数为0.025,且都在5%的水平上显著,ROA(B)与PVR之间的相关系数为0.038,且都在1%的水平上显著,这初步表明PE/VC投资持股比例与企业绩效呈正相关关系。此外,各控制变量之间的相关系数都比较小,说明模型不存在严重的多重共线性问题。ROA(A)、ROA(B)与各控制变量

表 4.4　相关分析

	ROA(A)	ROA(B)	EQUITYC1	EQUITYC2	PVR	PV	SOB	INDR	MAR	ASS	OIG	ATURN
ROA(A)	1											
ROA(B)	0.988***	1										
EQUITYC1	0.118***	0.117***	1									
EQUITYC2	0.197***	0.208***	0.794***	1								
PVR	0.025**	0.038***	-0.036***	0.046***	1							
PV	0.017	0.031**	-0.079***	0	0.518***	1						
SOB	0.016*	0.01	0.024**	0.040***	-0.034***	-0.034***	1					
INDR	-0.009	-0.005	0.042***	0.041***	0.015	0.01	-0.309***	1				
MAR	0.088***	0.091***	0.034***	0.101***	0.042***	0.044***	-0.083***	0.014	1			
ASS	0.046***	0.040***	0.276***	0.222***	-0.071***	-0.068***	0.291***	0.052***	0.012	1		
OIG	0.013	0.020**	-0.035***	-0.037***	-0.01	0.01	-0.047***	0.030***	-0.021**	-0.041***	1	
ATURN	0.088***	0.076***	0.077***	0.047***	-0.037***	-0.066***	0.027	-0.033***	0.063***	0.070***	-0.120***	1

注：*、**、*** 分别表示在 10%、5%、1% 水平上显著。

之间的相关性都比较显著，说明模型设计比较合理。

三、多元回归分析

从表 4.5 中可以看出，PV 的系数为 0.023 且在 5% 的水平上显著，PVR 的系数为 0.027 且在 1% 的水平上显著。上述结果表明有 PE/VC 投资背景的企业绩效优于没有 PE/VC 投资背景的企业且 PE/VC 投资机构持股比例越高被投资企业绩效越好。

表 4.5　多元回归分析

变量	系数 （T 值）	系数 （T 值）
常量	− 0.029 *** （− 2.951）	− 0.029 *** （− 2.931）
PV	0.023 ** （2.406）	
PVR		0.027 *** （2.858）
SOB	0.006 （0.545）	0.006 （0.544）
INDR	− 0.009 （− 0.887）	− 0.009 （− 0.922）
MAR	0.09 *** （8.932）	0.09 *** （8.917）
ASS	0.036 *** （3.358）	0.037 *** （3.387）
OIG	0.023 ** （2.346）	0.023 ** （2.364）
ATURN	0.094 *** （9.048）	0.093 *** （9.018）

续表

变量	系数 （T 值）	系数 （T 值）
年度	控制	控制
行业	控制	控制
adjR^2	0.079	0.08
F 值	28.31	28.388
N	10462	10462

注：＊、＊＊、＊＊＊分别表示在 10%、5%、1% 水平上显著。

从表 4.6 中可以看出，EQUITYC1 的系数为 0.094 且在 1% 的水平上显著，EQUITYC2 的系数为 0.174 且在 1% 的水平上显著。上述结果表明股权集中度与企业绩效呈正相关关系。从表 4.7 中可以看出，EQUITYC1×PVR 的系数为 0.026 且在 1% 的水平上显著，EQU-ITYC2×PVR 的系数为 0.019 且在 5% 的水平上显著，EQUITYC1、EQUITYC2 的系数分别为 0.092、0.172，且都在 1% 的水平上显著，这表明随着 PE/VC 投资持股比例的上升，股权集中度与企业绩效存在显著的正相关关系，也就是 PE/VC 投资对股权集中度和企业绩效关系有正向的调节作用。

表 4.6　多元回归分析

变量	系数 （T 值）	系数 （T 值）
常量	－0.019＊ （－1.866）	－0.022＊＊ （－2.203）
EQUITYC1	0.094＊＊＊ （9.383）	

变量	系数 （T值）	系数 （T值）
EQUITYC2		0.174 *** （17.611）
SOB	0.013 （1.188）	0.009 （0.884）
INDR	−0.011 （−1.082）	−0.015 （−1.534）
MAR	0.085 *** （8.442）	0.068 *** （6.788）
ASS	0.011 （1.033）	0.004 （0.38）
OIG	0.023 ** （2.307）	0.023 ** （2.314）
ATURN	0.085 *** （8.162）	0.083 *** （8.106）
年度	控制	控制
行业	控制	控制
adjR2	0.087	0.105
F值	31.024	38.354
N	10462	10462

注：*、**、*** 分别表示在 10%、5%、1% 水平上显著。

表 4.7 多元回归分析

变量	系数 （T值）	系数 （T值）
常量	−0.019 * （−1.959）	−0.022 ** （−2.287）

续表

变量	系数 （T 值）	系数 （T 值）
EQUITYC1	0.092 *** （9.183）	
EQUITYC2		0.172 *** （17.29）
EQUITYC1 × PVR	0.026 *** （2.701）	
EQUITYC2 × PVR		0.019 ** （2.009）
SOB	0.013 （1.175）	0.009 （0.873）
INDR	−0.011 （−1.125）	−0.015 （−1.556）
MAR	0.084 *** （8.36）	0.068 *** （6.749）
ASS	0.013 （1.186）	0.006 （0.522）
OIG	0.023 ** （2.32）	0.023 ** （2.332）
ATURN	0.085 *** （8.249）	0.084 *** （8.178）
年度	控制	控制
行业	控制	控制
adjR2	0.087	0.106
F 值	30.344	37.355
N	10462	10462

注：＊、＊＊、＊＊＊分别表示在 10%、5%、1% 水平上显著。

四、稳健性测试

为了增加研究结果的稳健性，我们采用净利润/总资产平均余额 ROA（B）代替净利润/总资产余额 ROA（A）作为被解释变量。从表 4.8 中可以看出，PV 的系数为 0.035 且在 1% 的水平上显著，PVR 的系数为 0.038 且在 1% 的水平上显著。上述结果表明有 PE/VC 投资背景的企业的绩效优于没有 PE/VC 投资背景的企业；且 PE/VC 投资机构持股比例越高，被投资企业绩效越好。从表 4.9 中可以看出，EQUITYC1 的系数为 0.095 且在 1% 的水平上显著，EQUITYC2 的系数为 0.187 且在 1% 的水平上显著，上述结果表明股权集中度与企业绩效呈正相关关系。从表 4.10 中可以看出，EQUITYC1 × PVR 的系数为 0.035 且在 1% 的水平上显著，EQUITYC2 × PVR 的系数为 0.029 且在 1% 的水平上显著，EQUITYC1、EQUITYC2 的系数分别为 0.092、0.183 且都在 1% 的水平上显著，这表明随着 PE/VC 投资持股比例的上升，股权集中度与企业绩效存在显著的正相关关系，也就是 PE/VC 投资对股权集中度和企业绩效关系有正向的调节作用。这些与本书测试部分的研究结果一致。

表 4.8　多元回归分析

变量	系数 （T 值）	系数 （T 值）
常量	− 0.032 *** （− 2.957）	− 0.031 *** （− 2.91）
PV	0.035 *** （3.624）	

续表

变量	系数 （T 值）	系数 （T 值）
PVR		0.038 *** （4.033）
SOB	0.003 （0.295）	0.003 （0.296）
INDR	− 0.007 （− 0.65）	− 0.007 （− 0.7）
MAR	0.093 *** （9.287）	0.093 *** （9.271）
ASS	0.036 *** （3.34）	0.036 *** （3.365）
OIG	0.029 *** （2.931）	0.029 *** （2.955）
ATURN	0.08 *** （7.682）	0.079 *** （7.618）
年度	控制	控制
行业	控制	控制
adjR^2	0.083	0.083
F 值	29.614	29.718
N	10462	10462

注：* 、* * 、* * * 分别表示在 10%、5%、1% 水平上显著。

表 4.9　多元回归分析

变量	系数 （T 值）	系数 （T 值）
常量	− 0.019 * （− 1.772）	− 0.022 ** （− 2.077）

续表

变量	系数 (T值)	系数 (T值)
EQUITYC1	0.095 *** (9.49)	
EQUITYC2		0.187 *** (18.955)
SOB	0.01 (0.957)	0.007 (0.667)
INDR	−0.009 (−0.85)	−0.013 (−1.347)
MAR	0.088 *** (8.814)	0.07 *** (7.017)
ASS	0.01 (0.913)	0.001 (0.072)
OIG	0.028 *** (2.886)	0.028 *** (2.902)
ATURN	0.069 *** (6.702)	0.067 *** (6.584)
年度	控制	控制
行业	控制	控制
adjR^2	0.09	0.112
F值	32.161	41.073
N	10462	10462

注：*、＊＊、＊＊＊分别表示在10%、5%、1%水平上显著。

表 4.10 多元回归分析

变量	系数 （T 值）	系数 （T 值）
常量	-0.02* （-1.898）	-0.023** （-2.206）
EQUITYC1	0.092*** （9.229）	
EQUITYC2		0.183*** （18.518）
EQUITYC1 × PVR	0.035*** （3.656）	
EQUITYC2 × PVR		0.029*** （3.038）
SOB	0.01 （0.939）	0.007 （0.65）
INDR	-0.009 （-0.909）	-0.014 （-1.38）
MAR	0.087*** （8.707）	0.069*** （6.96）
ASS	0.012 （1.12）	0.003 （0.288）
OIG	0.028*** （2.903）	0.028*** （2.929）
ATURN	0.071*** （6.824）	0.068*** （6.698）
年度	控制	控制
行业	控制	控制

变量	系数 （T 值）	系数 （T 值）
adjR^2	0.091	0.113
F 值	31.645	40.168
N	10462	10462

注：*、**、*** 分别表示在 10%、5%、1%水平上显著。

第五节　研究结论

目前，国内外学者大多仅从股权集中度视角来研究对企业绩效的影响，而忽略了 PE/VC 投资对其的调节作用。本书针对这一研究的不足，将 PE/VC 投资对股权集中度和企业绩效之间关系的调节作用进行了研究。研究发现，股权集中度与企业绩效之间均存在显著的正相关关系，同时，PE/VC 投资会强化股权集中度与企业绩效之间的正相关关系。对于我国上市公司来说，大多数上市公司存在"一股独大"的股权结构，企业实际控制人拥有较多股份，实际控制人对企业的发展至关重要。随着企业股权集中度的提高，企业实际控制人就越来越有动力去改善企业的经营状况，监督企业管理层的行为，而 PE/VC 的投资不仅仅是给企业带来企业发展需要的资本，还能从企业决策、公司治理、企业管理等多方面提供支持，从而对企业绩效产生正面影响，强化了股权集中度与企业绩效之间的正相关关系。

　　从研究的结论可以看出，要提高企业绩效，可以考虑从引入PE/VC 投资和适度地提高企业的股权集中度这两方面入手，因此，针对如何提高企业绩效，本书提出以下建议。一是保持企业股权的适度集中。股权的适度集中，一方面可以避免如雷士照明、芜湖三益信成制药有限公司等因企业股东之间的矛盾而影响到企业的正常经营的情况，同时可以激励 PE/VC 投资和企业实际控制人去改善企业的经营状况，监督企业管理层的行为。二是企业应积极引入 PE/VC 投资。对于中小企业可以引入风险投资，对于有一定规模的企业可引入私募股权投资，引入 PE/VC 投资可以完善企业公司治理，规范企业经营，利于企业经营绩效的提高。

第五章

PE/VC 投资、股权制衡度对企业绩效影响的实证研究

第一节 理论分析与研究假设

现代企业普遍存在所有权和经营权的分离，企业股东和企业管理层分别代表企业的所有权和经营权。由于企业股东和企业管理层在专业知识和企业经营管理才能等方面的不同，使得企业管理层相对于股东更适合对企业进行经营管理，企业股东和管理层就形成了委托代理关系。Jensen 和 Meckling（1976）通过研究发现，委托代理关系是指委托人通过与代理人自愿订立合同，授权代理人在相关权限的范围内来实现委托人目标的活动。按照委托代理理论，拥有经济资源的这一方是委托人，另一方是受托人，受托人为委托人提供服务，委托人赋予受托人一定的权限，以使受托人能够使用委托人的相关经济资源。代理人通常拥有比委托人更多的信息，导致委托人和代理人的信息不对称。由于委托人和代理人都是理性经济人，

而且他们的效用函数往往是不一样的，这导致委托人和代理人利益目标不一致，使得其在追求自身利益的同时有可能做出与企业经营目标相悖的行为。对于委托人而言，其目的是资本的保值增值，追求的是股东财富最大化，而代理人则会更多地考虑个人的工资薪酬、在职消费、福利待遇等方面，从而引发委托代理问题。企业委托代理问题分为第一类代理问题和第二类代理问题两类，在企业股权相对比较分散的情况下，企业委托代理问题主要是第一类代理问题，即企业股东和管理层之间的委托代理问题。而在企业股权相对比较集中的情况下，企业委托代理问题主要是第二类代理问题，即企业大股东与其他中小股东之间的委托代理问题。企业委托代理理论需解决的关键问题是研究在企业股东和企业管理层效用函数不一致以及信息不对称的情况下，作为委托人的股东如何设计激励约束机制来激励约束作为企业代理人的管理层，使作为委托人的股东和作为企业代理人的管理层的效用函数趋于一致，以降低代理人因出现道德风险和逆向选择问题的风险，减少代理成本。解决企业第一类代理问题的主要方法是在企业中建立起有效的企业管理层激励约束机制，而解决企业第二类代理问题主要是引入大股东股权制衡的模式。

La Porta（1999）通过研究表明，普遍存在于世界上大多数企业之间的代理问题，通常不是企业股东与企业管理者之间的第一类代理问题，而是企业大股东与中小股东之间的第二类代理问题。研究同时发现，当企业股权集中度相对较高时，企业的委托代理问题将从以企业股东与管理层之间的第一类代理问题转变为企业大股东与中小股东之间的第二类代理问题。企业大股东在攫取企业控制权收益动机的驱使下，很可能凭借其在企业的控制权地位，通过各种途径掠夺企业资源，侵害企业中小股东的利益，从而引发企业大股东和企业中小股东之间严重的第二类代理问题。Shleifer 与 Vishny（1997）认为，当企业大股东持股达到一定比例使其成为企业的控股股东时，大股东就很有可能攫取企业控制权收益。而企业的控制权收益由企业大股东独占，然而企业的控制权收益给企业造成的费用和损失却由所有其他中小股东共同承担，这时企业大股东就损害了企业其他中小股东的利益，造成企业大股东与企业中小股东之间的利益冲突，产生代理问题。企业内部人控制不但包括企业管理层的内部人控制，还包括企业大股东与中小股东之间的内部人控制问题。目前存在这样的一种内部人控制现象，企业大股东利用其在企业中的控制权，通过对企业的经营管理的控制来获取大股东控制权收益，从而损害企业的中小股东的利益（苏吉永，2006）。在企业中有剩余索取权和剩余控制权两种不同的产权，由于企业大股东持有大部分企业的股权，企业剩余索取权的大部分归大股东所有，大股东利益与企业发展的相关性更强，导致大股东有很大的动力去监督企业管理层的经营管理，减少搭便车的现象。

为了抑制企业大股东侵占企业中小股东的行为，保护企业中小股东的合法利益，人们开始积极寻找有效的解决方法来解决企业的第二类代理问题。股权制衡理论的出现有利于解决企业公司治理过程中遇到的大股东和中小股东冲突的第二类代理问题。所谓股权制衡是指由几个大股东分享企业控制权而不是由控股股东独享企业控制权，通过企业股东之间的相互制约，达到企业大股东之间相互监督。这种股权结构的优点是既能发挥企业股权相对集中的优势，又能防止和减轻企业大股东对中小股东的侵害。此时，如果企业存在大股东间相互的制衡机制，则能较好地遏制控制股东对企业的侵占行为，从而提高企业绩效。因此，提出如下假设。

假设 1：在限定其他因素的情况下，Z 值（衡量企业股权制衡度的指标）与企业绩效呈正相关关系。

PE/VC 投资机构不以获取企业的控制权为目的，而是更多地着眼于企业的中长期发展，来谋求退出时较高的回报。因此，被投资企业引入 PE/VC 投资后仍具有企业的控制权。而 PE/VC 投资机构是企业的大股东之一，往往会向被投资企业派出董事、监事或高级管理人员，对被投资企业的经营决策施加影响，被投资企业由原企业大股东和 PE/VC 投资机构共同拥有控制权。一个企业控制权由多个大股东共同分享是有利的，这种对控制权的分配方式，能够增加由这些大股东组成的控制权集团所持有的现金流权，从而减少对企业中小股东利益的侵占（Bennedsen 和 Wolfenzon，2000）。企业引入 PE/VC 投资后，通过适当的股权安排，形成多个大股东共同控制企业的局面，是抑制大股东掠夺行为的有效手段。因此，提出如下假设。

假设 2：在限定其他因素的情况下，PE/VC 投资对股权制衡度和企业绩效关系有正向的调节作用。

第二节 样本选取与数据来源

选取 2006 年至 2012 年期间中国 A 股上市公司为研究对象，为了确保研究结果的准确度，剔除了以下样本。①金融类上市公司。因为它们的会计制度与其他企业不同。②在研究期间为 *ST 的公司，因为这些公司或处于财务状况异常的情况，或已经连续亏损两年以上，会影响研究结论的可靠性和一致性。③剔除股权结构等信息披露不全的样本。股权结构、企业绩效数据来自 WIND 数据库和国泰安数据库的上市公司年报和公司治理数据，PE/VC 投资和市场化进程数据分别根据上市公司年度报告和樊纲、王小鲁编制的《中国市场化指数——各地区市场化相对进程报告（2011）》手工收集。

表5.1 样本上市公司的时间分布和行业分布

	行业	2006 年	2007 年	2008 年	2009 年	2010 年	2011 年	2012 年	合计
	农、林、牧、渔业	19	18	26	23	26	33	36	181
	采掘业	20	25	32	36	43	51	53	260
制造业	食品、饮料	54	51	57	57	65	75	84	443
	纺织、服装、皮毛	48	49	60	57	62	66	73	415
	木材、家具	3	1	5	5	7	8	10	39
	造纸、印刷	19	25	28	27	33	37	40	209
	石油、化学、塑胶、塑料	119	126	132	138	171	213	233	1132

续表

	行业	2006 年	2007 年	2008 年	2009 年	2010 年	2011 年	2012 年	合计
制造业	电子	44	58	67	61	91	124	139	584
	金属、非金属	102	112	111	116	140	162	176	919
	机械、设备、仪表	185	177	207	214	262	370	437	1852
	医药、生物制品	80	84	87	85	106	129	135	706
	其他制造业	8	13	13	12	18	21	24	109
电力、煤气及水的生产和供应业		52	54	50	55	56	63	64	394
建筑业		24	28	29	32	33	44	48	238
交通运输、仓储业		49	51	53	56	60	64	70	403
信息技术业		66	71	76	79	125	147	184	748
批发和零售贸易		75	76	77	85	92	117	119	641
房地产业		34	36	47	61	54	75	68	375
社会服务业		34	36	41	45	51	60	71	338
传播与文化产业		6	6	10	10	13	23	35	103
综合类		55	50	59	59	55	43	42	363
合计		1096	1147	1267	1313	1563	1925	2141	10452

第三节　模型设计及其变量描述

本书借鉴已有相关研究的经验，结合我国资本市场的现状，构建如下模型验证提出的假设。

$$ROA = \beta_0 + \beta_1 EQUITYB + \beta_2 BTOGETH + \beta_3 INDR + \beta_4 MAR + \beta_5 ASS$$

$$+ \beta_6 OIG + \beta_7 ATURN + \beta_8 \sum YEAR + \beta_9 \sum IND + \varepsilon_i \qquad （1）$$

$$ROA = \beta_0 + \beta_1 EQUITYB + \beta_2 EQUITYB \times PVR + \beta_3 BTOGETH +$$

$$\beta_4 INDR + \beta_5 MAR + \beta_6 ASS + \beta_7 OIG + \beta_8 ATURN + \beta_9 \sum YEAR + \beta_{10} \sum IND$$

$$+ \varepsilon_i \qquad （2）$$

各变量的具体含义如下：

表5.2　变量含义说明

变量名称	变量标识	变量定义
总资产收益率	ROA	净利润/总资产平均余额
股权制衡度（EQUITYB）	Z3	前三大股东持股比例之和/第一大股东持股比例
	Z10	前十大股东持股比例之和/第一大股东持股比例
PE/VC 持股比例	PVR	PE/VC 投资机构持被投资企业股份的比例
董事会两职合一	BTOGETH	董事长和总经理是同一人取1，不是同一人取2
独董比例	INDR	公司独立董事人数除以董事会成员人数
市场化进程	MAR	市场化进程总体指数
公司规模	ASS	期末总资产的自然对数
营业收入增长率	OIG	（本年营业收入－本年年初营业收入）/本年年初营业收入
总资产周转率	ATURN	营业收入/资产总额期末余额
年度哑变量	YEAR	是本年度为1，否则为0
行业哑变量	IND	是本行业为1，否则为0
残差	ε	随机误差项

第四节　实证分析

一、描述性统计

如下表 5.3 所示，ROA（B）的均值为 0.04798，标准差为 0.05246，但极小值与极大值之间的差异较大，这初步说明了对我国上市企业绩效进行分析的必要性。股权制衡度（Z3、Z10）的均值分别是 0.4551 与 0.7619，这说明我国多数上市公司的股权能较好地制衡，标准差分别是 0.42805 与 0.74314，而且极大值和极小值之间的差异迥然，这表明我国上市公司股权制衡度存在较大差异。PVR均值为 1.27，极大值达到 72，极小值只有 0，这表明我国上市公司中 PE/VC 投资的持股比例并不高。

表 5.3　描述性统计

变量	N	均值	中值	标准差	极小值	极大值	25%	50%	75%
ROA（B）	10452	0.04798	0.04128	0.05246	−0.26221	0.30810	0.01660	0.04128	0.07362
PVR	10452	1.27	0	5.006	0	72	0	0	0
Z3	10452	0.4551	0.3149	0.42805	0.00247	2	0.10622	0.3149	0.70876
Z10	10452	0.7619	0.54429	0.74314	0.00845	7.97121	0.21823	0.54429	1.07965
BTOGETH	10452	1.81	2	0.393	1	2	2	2	2
INDR	10452	0.36397	0.33333	0.05214	0.09091	0.8	0.33333	0.33333	0.375
MAR	10452	8.865	9.02	2.04128	0.29	11.8	7.39	9.02	10.42
ASS	10452	21.69497	21.52986	1.23073	17.66334	28.40521	20.83142	21.52986	22.36012
OIG	10452	0.16508	0.08621	0.42076	−0.99409	1.99328	−0.06855	0.08621	0.31225
ATURN	10452	0.72808	0.59557	0.5905	0.00141	10.01523	0.38256	0.59557	0.89388

表 5.4 相关分析

变量	ROA(B)	PVR	Z3	Z10	BTOGETH	INDR	MAR	ASS	OIG	ATURN
ROA(B)	1									
PVR	0.039***	1								
Z3	0.082***	0.111***	1							
Z10	0.111***	0.115***	0.907***	1						
BTOGETH	-0.065***	-0.110***	-0.085***	-0.092***	1					
INDR	-0.003	0.015	-0.025**	-0.027***	-0.082***	1				
MAR	0.092***	0.042***	0.049***	0.043***	-0.132***	0.01	1			
ASS	0.038***	-0.071***	-0.150***	-0.153***	0.166***	0.053***	0.013	1		
OIG	0.022**	-0.005	0.02	0.046***	-0.01	0.030***	-0.021**	-0.041***	1	
ATURN	0.077***	-0.037***	-0.069***	-0.065***	0.058***	-0.033***	0.062***	0.071***	-0.120***	1

注：*、**、***分别表示在 10%、5%、1%水平上显著。

二、相关分析

上表 5.4 中显示了模型中各研究变量之间的相关关系，ROA（B）与 Z3、Z10 之间的相关系数分别为 0.082、0.111，且都在 1% 的水平上显著，这初步表明股权制衡度与企业绩效呈正相关关系，与研究假设一致。ROA（B）与 PVR 之间的相关系数为 0.039，且都在 1% 的水平上显著，这初步表明 PE/VC 投资持股比例与企业绩效呈正相关关系。此外，各控制变量之间的相关系数都比较小，说明模型不存在严重的多重共线性问题。ROA（B）与各控制变量之间的相关性都比较显著，说明模型设计比较合理。

三、多元回归分析

就股权制衡度与企业绩效可言，从表 5.5 中可以看出，Z3 的系数为 0.086 且在 1% 的水平上显著；同时，以有 PE/VC 投资上市公司为样本，从表 5.6 中可以看出，Z3 的系数为 0.1 且在 1% 的水平上显著；以无 PE/VC 投资上市公司为样本，从表 5.7 中可以看出，Z3 的系数为 0.081 且在 1% 的水平上显著；以创业板和中小板上市公司为样本，从表 5.8 中可以看出，Z3 的系数为 0.081 且在 1% 的水平上显著。上述结果表明，无论是以全部上市公司为样本，还是以创业板和中小板上市公司、有 PE/VC 投资上市公司或无 PE/VC 投资上市公司为样本，股权制衡度与企业绩效均呈正相关关系。

表 5.5　多元回归分析

	全部样本组	全部样本组
常量	−0.033 *** (−3.105)	−0.034 *** (−3.19)
Z3	0.086 *** (8.952)	0.08 * * * (8.105)
Z3 × PVR		0.022 ** (2.283)
BTOGETH	−0.052 *** (−5.363)	−0.051 *** (−5.239)
INDR	−0.008 (−0.845)	−0.008 (−0.824)
MAR	0.084 *** (8.381)	0.084 *** (8.393)
ASS	0.052 *** (4.956)	0.053 *** (5.04)
OIG	0.031 *** (3.148)	0.031 *** (3.188)
ATURN	0.089 *** (8.595)	0.089 *** (8.643)
年度	控制	控制
行业	控制	控制
adjR^2	0.091	0.092
F 值	32.825	32.026
N	10452	10452

注：＊、＊＊、＊＊＊分别表示在 10%、5%、1%水平上显著。

表5.6 多元回归分析

	PE/VC 投资样本组	PE/VC 投资样本组
常量	- 0.024 （- 0.954）	- 0.027 （- 1.033）
Z3	0.1 *** （4.516）	0.078 *** （3.019）
Z3 × PVR		0.04 * （1.785）
BTOGETH	- 0.045 ** （- 2.013）	- 0.043 * （- 1.895）
INDR	0.002 （0.095）	0.002 （0.111）
MAR	0.128 *** （5.485）	0.129 *** （5.531）
ASS	0.015 （0.615）	0.017 （0.698）
OIG	0.057 ** （2.556）	0.058 *** （2.598）
ATURN	0.083 *** （3.494）	0.083 *** （3.496）
年度	控制	控制
行业	控制	控制
adjR^2	0.094	0.094
F 值	7.346	7.209
N	2026	2026

注：*、* *、* * * 分别表示在 10%、5%、1% 水平上显著。

表 5.7 多元回归分析

	无 PE/VC 投资样本组	无 PE/VC 投资样本组
常量	−0.036***	−0.041***
	(−3.013)	(−3.473)
Z3	0.081***	
	(7.632)	
Z10		0.111***
		(10.424)
BTOGETH	−0.05***	−0.048***
	(−4.649)	(−4.509)
INDR	−0.008	−0.007
	(−0.736)	(−0.621)
MAR	0.069***	0.069***
	(6.187)	(6.209)
ASS	0.06***	0.064***
	(5.177)	(5.496)
OIG	0.027**	0.025**
	(2.47)	(2.257)
ATURN	0.093***	0.094***
	(8.064)	(8.252)
年度	控制	控制
行业	控制	控制
adjR^2	0.095	0.101
F 值	27.926	29.609
N	8426	8426

注: *、* *、* * * 分别表示在 10%、5%、1%水平上显著。

表5.8 多元回归分析

	创业板和中小板样本组	创业板和中小板样本组
常量	−0.011 （−0.385）	−0.011 （−0.376）
Z3	0.081*** （4.474）	0.074*** （3.957）
Z3 × PVR		0.025* （1.731）
BTOGETH	−0.038** （−2.072）	−0.036** （−1.988）
INDR	0.011 （0.597）	0.011 （0.629）
MAR	0.034* （1.821）	0.034* （1.821）
ASS	0.037* （1.871）	0.036* （1.858）
OIG	0.073*** （3.848）	0.074*** （3.878）
ATURN	0.081*** （4.005）	0.081*** （4.039）
年度	控制	控制
行业	控制	控制
adjR^2	0.095	0.096
F 值	10.485	10.231
N	2969	2969

注：＊、＊＊、＊＊＊分别表示在10%、5%、1%水平上显著。

就 PE/VC 投资对股权制衡度与企业绩效关系的调节作用而言，从上文表5.5 中可以看出，Z3 × PVR 的系数为0.022 且在5%的水平上显著，Z3 系数为0.08 且在1%的水平上显著；同时，以有 PE/VC 投资上市公司为样本，从表5.6 中可以看出，Z3 × PVR 的系数为0.04 且在10%的水平上显著，Z3 系数为0.078 且在1%的水平上显著；以创业板和中小板上市公司为样本，从表5.8 中可以看出，Z3 × PVR 的系数为0.025 且在10%的水平上显著，Z3 系数为0.074 且在1%的水平上显著。上述结果表明，无论是以全部上市公司为样本，还是以创业板和中小板上市公司和有 PE/VC 投资上市公司为样本，PE/VC 投资对股权制衡度与企业绩效关系有正向的调节作用。

四、稳健性测试

为了增加研究结果的稳健性，我们采用前十大股东持股比例之和/第一大股东持股比例（Z10）代替前三大股东持股比例之和/第一大股东持股比例（Z3）作为股权制衡度的解释变量。就股权制衡度与企业绩效可言，从表5.9 中可以看出，Z10 的系数为0.112 且在1%的水平上显著；同时，以有 PE/VC 投资上市公司为样本，从表5.10 中可以看出，Z10 的系数为0.114 且在1%的水平上显著；以无 PE/VC 投资上市公司为样本，从表5.10 中可以看出，Z10 的系数为0.111 且在1%的水平上显著；以创业板和中小板上市公司为样本，从表5.11 中可以看出，Z10 的系数为0.094 且在1%的水平上显著。上述结果表明，无论是以全部上市公司为样本，还是以创业板和中小板上市公司、有 PE/VC 投资上市公司或无 PE/VC 投资上市公司为样本，股权制衡度与企业绩效均呈正相关关系。这些与本书测试部分的研究结果一致。

　　就 PE/VC 投资对股权制衡度与企业绩效关系的调节作用而言，从表 5.9 中可以看出，Z10×PVR 的系数为 0.02 且在 5% 的水平上显著，Z10 系数为 0.106 且在 1% 的水平上显著；同时，以有 PE/VC 投资上市公司为样本，从表 5.10 中可以看出，Z10×PVR 的系数为 0.056 且在 5% 的水平上显著，Z10 系数为 0.083 且在 1% 的水平上显著；以创业板和中小板上市公司为样本，从表 5.11 中可以看出，Z10×PVR 的系数为 0.022 且在 10% 的水平上显著，Z10 系数为 0.088 且在 1% 的水平上显著。上述结果表明，无论是以全部上市公司为样本，还是以创业板和中小板上市公司和有 PE/VC 投资上市公司为样本，PE/VC 投资对股权制衡度与企业绩效关系有正向的调节作用。这些与本书测试部分的研究结果一致。

表 5.9　多元回归分析

	全部样本组	全部样本组
常量	−0.038 *** (−3.51)	−0.038 *** (−3.58)
Z10	0.112 *** (11.676)	0.106 *** (10.661)
Z10×PVR		0.02 ** (1.98)
BTOGETH	−0.051 *** (−5.227)	−0.05 *** (−5.114)
INDR	−0.006 (−0.665)	−0.006 (−0.636)

续表

	全部样本组	全部样本组
MAR	0.085 *** (8.481)	0.085 *** (8.487)
ASS	0.054 *** (5.184)	0.055 *** (5.25)
OIG	0.029 *** (2.929)	0.029 *** (2.968)
ATURN	0.091 *** (8.83)	0.092 *** (8.88)
年度	控制	控制
行业	控制	控制
adjR^2	0.096	0.096
F 值	34.691	33.795
N	10452	10452

注：＊、＊＊、＊＊＊分别表示在 10%、5%、1% 水平上显著。

表 5.10　多元回归分析

	PE/VC 投资样本组	PE/VC 投资样本组
常量	−0.023 (−0.901)	−0.027 (−1.054)
Z10	0.114 *** (5.182)	0.083 *** (3.169)
Z10 × PVR		0.056 ** (2.155)
BTOGETH	−0.045 ** (−1.994)	−0.041 * (−1.837)

续表

	PE/VC 投资样本组	PE/VC 投资样本组
INDR	0.005 (0.239)	0.006 (0.287)
MAR	0.131 *** (5.626)	0.132 *** (5.67)
ASS	0.01 (0.428)	0.014 (0.592)
OIG	0.055 ** (2.455)	0.056 ** (2.528)
ATURN	0.086 *** (3.623)	0.086 *** (3.633)
年度	控制	控制
行业	控制	控制
adjR^2	0.097	0.098
F 值	7.563	7.491
N	2026	2026

注: * 、 * * 、 * * * 分别表示在 10% 、5% 、1% 水平上显著。

表 5.11 多元回归分析

	创业板和中小板样本组	创业板和中小板样本组
常量	−0.013 (−0.45)	−0.013 (−0.45)
Z10	0.094 *** (5.194)	0.088 *** (4.636)
Z10 × PVR		0.022 * (1.801)

续表

	创业板和中小板样本组	创业板和中小板样本组
BTOGETH	-0.039** (-2.157)	-0.038** (-2.07)
INDR	0.013 (0.73)	0.014 (0.766)
MAR	0.037** (2.004)	0.037** (1.99)
ASS	0.036* (1.854)	0.036* (1.851)
OIG	0.07*** (3.695)	0.071*** (3.731)
ATURN	0.08*** (4.049)	0.082*** (4.086)
年度	控制	控制
行业	控制	控制
adjR^2	0.098	0.098
F 值	10.719	10.448
N	2969	2969

注：*、**、*** 分别表示在 10%、5%、1% 水平上显著。

第五节　研究结论

目前，国内外学者大多仅从股权制衡度视角来研究对企业绩效的影响，而忽略了 PE/VC 投资对其的调节作用。本书针对这一研究的不足，将 PE/VC 投资对股权制衡度和企业绩效之间关系的调节作用进行了研究。研究发现，股权制衡度与企业绩效之间存在显著的正相关关系，同时，PE/VC 投资会强化股权制衡度与企业绩效之间的正相关关系。当企业由几个大股东控股而并不是只有一个控股股东时，各个大股东之间就能形成企业股权的相互制衡，这时企业实际控制人就有动力去监督企业管理层的行为。企业各个大股东的相互制约，使得任何一个企业大股东都无法单独控制企业的经营管理决策，这样既能保留企业股权相对集中的优势，又能在一定程度上抑制大股东对企业利益的侵害，从而提高企业绩效。而企业引入 PE/VC 的投资，提高了对企业原有大股东的股权制衡，抑制大股东掠夺行为，从而对企业绩效产生正面影响，强化了股权集中度与企业绩效之间的正相关关系。

第六章

PE/VC 投资、内部人持股对企业绩效影响的实证研究

第一节　理论分析与研究假设

随着现代企业规模的不断扩大，社会分工的不断加深，企业管理层等外部环境的不断变化，大多数现代企业呈现企业所有权与经营权相分离的特征。为适应现代企业的这种两权分离的体制，委托代理关系在现代企业中普遍存在。企业委托代理关系就是基于委托人股东授权代理人企业管理层来经营管理企业。企业股东和管理层形成委托代理关系是由于企业股东和企业管理层在专业知识和企业经营管理才能等方面的不同，使得企业管理层相对于股东更适合对企业进行经营管理。委托人授权代理人从事某项活动，与一般的雇佣关系有明显的不同，这是因为代理人在委托人的授权下，拥有较大的自主决策权，委托人往往难以监督代理人的行为活动。然而，在委托代理关系中，委托人和代理人有各自不同的效用函数，委托

人和代理人都希望能实现自己利益最大化，因此，委托人和代理人往往会因为两者效用函数的不同导致两者之间的利益冲突。当代理人只顾追求自身利益时，很有可能会对委托人的利益造成损害，由此就会出现代理问题。在企业中就表现为作为委托人的企业股东希望能够获得最大的资本增值，追求股东财富最大化。而作为企业代理人的管理层则希望实现自己的薪酬总收入、个人声誉、在职消费、业余闲暇时间等各方面效用的整体最大化，企业管理层就有可能通过降低工作强度等方式来追求自身利益的最大化。作为内部人的企业管理层较外部股东而言，企业管理层更拥有有关企业内部信息的优势，其可能会利用这些优势，损害企业股东的利益，由此就产生了道德风险和逆向选择的问题。

作为委托人的股东想实现自身股东财富最大化，其核心任务就是要设计相应的契约，能有效激励约束和监督代理人的企业管理层，充分激发企业管理层的主观能动性。为解决企业股东和管理层委托代理关系所产生的代理问题，防止企业管理层的道德风险和逆向选择问题，最大限度地减少企业代理成本，就需要将企业股东的股东财富最大化目标与企业管理层的个人利益最大化目标相融合。Jensen 和 Meckling（1976）认为，如果让企业管理层也能分享企业的剩余收益，就可以减少企业的代理成本。在设计企业股东和管理层的契约时，可以通过企业管理层持股的方式使企业管理层也能参与分配企业的剩余收益，减少委托代理中企业股东和管理层的冲突，使其效用函数趋向一致，减少企业代理成本，从而提升企业绩效。委托代理理论为企业管理层持股提供了理论基础，为解决股东和企业管理层的委托代理问题提供了方法。企业管理层持股是通过企业管理层持有企业一定数量的股权等，给予企业管理层一定的企业剩余收益分配，让其成为企业的股东之一，使其能够以企业股东的身份参与企业利润的分享，从而使企业管理层和股东的效用函数一致，产生利益趋同效应，进而达到缓解企业股东和企业管理层的委托代理问题的一种激励方式。因此，企业管理层拥有一定数量的股权等可以缓解企业管理层与股东之间的利益冲突，减少企业代理成本，提高企业绩效。因此，本研究提出如下假设：

假设 1：在限定其他因素的情况下，管理层持股比例与企业绩效呈正相关的关系。

在没有引入 PE/VC 投资之前，企业的控制权一般由企业大股东和企业管理层掌握。企业控制权包括法定控制权和事实控制权两类，企业法定控制权由股东等企业相关利益者所订立的合同规范，一般由企业出资方的股东拥有，企业事实控制权一般由企业管理层掌握，该权力源于管理层拥有企业的信息、知识和资源等优势（Tirole，1997）。企业的法定控制权是企业出资方所赋予的最终决策权，一般由企业大股东拥有，表现为股东的投票权以及所占董事会会议的席位；企业事实控制权一般由企业管理层占有，该权力是由于企业管理层在企业中占有信息等优势形成的，主要表现为企业管理层的企业日常经营管理的权力，企业控制权的核心就是企业事实控制权。在企业所有权和经营权分离的企业特别是股份有限公司中，企业控制权往往由企业股东授权给企业董事会行使，企业股东仅保留对企业重大事项的投票权，而企业董事会又将企业日常经营管理的权限授权给企业管理层，企业董事会往往仅保留对企业管理层控制和监督的权力，因此，企业管理层通过主导企业日常经营管理而实际上占有企业经营管理的资源，拥有比企业股东和董事会更多有关企业的信息，这就有可能导致企业股东和董事会决策在很大程度上会受到企业管理层提供的经营管理意见的影响。随着 PE/VC 投资持股比例的增加，可能向被投资企业派出董事、监事或企业管理层，进而对被投资企业的经营决策有重大影响甚至取得控制权。根据不完全契约理论，企业股东、董事会和管理层之间权力分配的合同往往是不完备的，所订立的合同属于不完全契约，企业总是存在一些合同无法规范的权力模糊地带，如企业未来可能发生的不确定事项，这些不确定事项无法在合同中进行规范，这时企业往往由熟悉企业经营管理的企业管理层来运行，这使得企业管理层拥有一定的自由裁量权，他们可以在一定范围内自由决策和执行一些经营管理事项。因此，PE/VC 投资持股比例的增加有可能导致企业的控制权之争。同时，随着 PE/VC 投资持股比例的增加，也可能增加企业的集体决策成本。Hansmann（1996）用集体决策成本的概念来描述由于企业股东之间利益的异质性而产生的额外成本。企业集体决策成本的根源来自企业股东利益的异质性，而资本市场的失灵以及企业股东与PE/VC 投资机构股东之间契约的不完全性为企业股东之间的利益冲突提供了可能。企业集体决策成本的主要表现为企业无效决策带来的额外成本和决策过程带来的额外成本两种形式。因此，本书提出如下假设：

假设 2：在限定其他因素的情况下，PE/VC 投资对内部人持股与企业绩效关系有负向的调节作用。

第二节　样本选取与数据来源

选取 2006 年至 2012 年期间中国 A 股上市公司为研究对象，为了确保研究结果的准确度，剔除了以下样本：①金融类上市公司。因为它们的会计制度与其他企业不同；②在研究期间为 ∗ST 的公司，因为这些公司或处于财务状况异常的情况，或已经连续亏损两年以上，会影响研究结论的可靠性和一致性；③剔除股权结构等信息披露不全的样本。股权结构、企业绩效数据来自 WIND 数据库和国泰安数据库的上市公司年报和公司治理数据，PE/VC 投资和市场化进程数据分别根据上市公司年度报告和樊纲、王小鲁编制的《中国市场化指数——各地区市场化相对进程报告（2011）》手工收集。

表 6.1　样本上市公司的时间分布和行业分布

行业		2006 年	2007 年	2008 年	2009 年	2010 年	2011 年	2012 年	合计
农、林、牧、渔业		20	20	26	23	25	33	34	181
采掘业		20	22	31	36	40	50	52	251
制造业	食品、饮料	55	53	59	57	62	74	87	447
	纺织、服装、皮毛	52	51	58	56	58	62	68	405
	木材、家具	3	1	3	5	7	7	10	36
	造纸、印刷	21	25	26	27	33	35	37	204

续表

行业		2006 年	2007 年	2008 年	2009 年	2010 年	2011 年	2012 年	合计
制造业	石油、化学、塑胶、塑料	119	126	129	143	155	190	227	1089
	电子	44	50	64	63	75	111	130	537
	金属、非金属	104	115	117	117	126	152	179	910
	机械、设备、仪表	182	175	198	216	242	347	411	1771
	医药、生物制品	82	86	88	88	96	123	134	697
	其他制造业	9	11	13	13	17	19	24	106
电力、煤气及水的生产和供应业		50	51	53	56	55	61	63	389
建筑业		23	27	28	32	31	41	46	228
交通运输、仓储业		48	50	53	56	57	63	69	396
信息技术业		66	72	76	80	107	139	172	712
批发和零售贸易		75	79	78	84	93	111	117	637
房地产业		32	34	43	60	51	75	67	362
社会服务业		34	35	41	44	47	55	64	320
传播与文化产业		6	5	9	9	12	22	32	95
综合类		58	51	58	60	54	44	41	366
合计		1103	1139	1251	1325	1443	1814	2064	10139

第三节　模型设计及其变量描述

本研究借鉴已有相关研究的经验，结合我国资本市场的现状，构建如下模型验证提出的假设。

$$ROA = \beta_0 + \beta_1 EMSR + \beta_2 ALR + \beta_3 INDR + \beta_4 ECOMP + \beta_5 ASS +$$
$$\beta_6 OIG + \beta_7 ATURN + \beta_8 \sum YEAR + \beta_9 \sum IND + \varepsilon_i \qquad (1)$$

$$ROA = \beta_0 + \beta_1 EMSR + \beta_2 EMSR \times PVR + \beta_3 ALR + \beta_4 INDR +$$
$$\beta_5 ECOMP + \beta_6 ASS + \beta_7 OIG + \beta_8 ATURN + \beta_9 \sum YEAR + \beta_{10} \sum IND + \varepsilon_i \ (2)$$

各变量的具体含义如下。

表 6.2　变量含义说明

变量名称	变量标识	变量定义
总资产收益率	ROA	净利润/总资产平均余额
内部人持股比例 （EMSR）	ESR	高管年末持股数量除以年末总股数
	MSR	管理层年末持股数量除以年末总股数
PE/VC 持股比例	PVR	PE/VC 投资机构持被投资企业股份的比例
独董比例	INDR	公司独立董事人数除以董事会成员人数
资产负债率	ALR	公司年末负债总额除以年末资产总额
公司规模	ASS	期末总资产的自然对数
营业收入增长率	OIG	（本年营业收入 – 本年年初营业收入）/ 本年年初营业收入
总资产周转率	ATURN	营业收入/资产总额期末余额
高管薪酬	ECOMP	前三名高管薪酬总额的均值
年度哑变量	YEAR	是本年度为 1，否则为 0
行业哑变量	IND	是本行业为 1，否则为 0
残差	ε	随机误差项

第四节 实证分析

一、描述性统计

如下表 6.3 所示，ROA（A）的均值为 0.04049，标准差为 0.05394，但极小值与极大值之间的差异较大，这初步说明了有对我国上市企业绩效进行分析的必要性。内部人持股（ESR、MSR）的均值分别是 0.03602、0.07006，这说明我国多数上市公司的高管和管理层持股比例并不高，标准差分别是 0.10711、0.16683，而且极大值和极小值之间的差异迥然，这表明我国上市公司内部人持股的情况存在较大差异。

表 6.3 描述性统计

变量	N	均值	中值	标准差	极小值	极大值	25%	50%	75%
ROA（A）	10139	0.04049	0.03677	0.05394	− 0.29694	0.28298	0.01458	0.03677	0.06557
ESR	10139	0.03602	0.00001	0.10711	0	0.84325	0	0.00001	0.00064
MSR	10139	0.07006	0.00006	0.16683	0	0.89725	0	0.00006	0.0028
INDR	10139	0.36372	0.33333	0.05218	0.09091	0.8	0.33333	0.33333	0.375
ALR	10139	0.46881	0.48264	0.2069	0.00708	0.98807	0.31554	0.48264	0.62615
ASS	10139	21.70993	21.5508	1.23956	16.69431	28.40521	20.84541	21.5508	22.37912
OIG	10139	0.17029	0.08587	0.41536	− 0.69564	1.99328	− 0.06774	0.08587	0.31437
ATURN	10139	0.73489	0.60066	0.60098	0.00141	10.01523	0.3845	0.60066	0.89974
ECOMP	10139	12.67454	12.70202	0.78868	8.9955	15.86512	12.1794	12.7022	13.18771

二、相关分析

表 6.4 中显示了模型中各研究变量之间的相关关系，ROA（A）

与 ESR、MSR 之间的相关系数分别为 0.130 和 0.142，且都在 1% 的
水平上显著，这初步表明企业内部人持股比例与企业绩效呈正相关
关系，与研究假设一致。此外，各控制变量之间的相关系数都比较
小，说明模型不存在严重的多重共线性问题。ROA（A）与各控制
变量之间的相关性都比较显著，说明模型设计比较合理。

表 6.4　相关分析

变量	ROA（A）	ESR	MSR	INDR	ALR	ASS	OIG	ATURN	ECOMP
ROA（A）	1								
ESR	0.130***	1							
MSR	0.142***	0.807***	1						
INDR	−0.006	0.092***	0.075***	1					
ALR	−0.379***	−0.309***	−0.347***	−0.026**	1				
ASS	0.069***	−0.192***	−0.224***	0.055***	0.387***	1			
OIG	0.01	0.033***	0.047***	0.033***	0.016	−0.051***	1		
ATURN	0.085***	−0.076***	−0.076***	−0.034***	0.149***	0.068***	−0.131***	1	
ECOMP	0.302***	0.053***	0.033***	0.045***	−0.017*	0.444***	0.024**	0.105***	1

注：*、**、***分别表示在 10%、5%、1% 水平上显著。

三、多元回归分析

就内部人持股比例与企业绩效可言，从表 6.5 中可以看出，ESR
的系数为 0.051 且在 1% 的水平上显著；同时，以创业板和中小板上
市公司为样本，从表 6.7 中可以看出，ESR 的系数为 0.051 且在 1%
的水平上显著；以无 PE/VC 投资上市公司为样本，从表 6.6 中可以
看出，ESR 的系数为 0.056 且在 1% 的水平上显著。上述结果表明，
无论是以全部上市公司为样本，还是以创业板和中小板上市公司或
无 PE/VC 投资上市公司为样本，内部人持股比例与企业绩效均呈正

相关关系。

表6.5　多元回归分析

变量	全部样本组	全部样本组
常量	-0.242 *** (-22.942)	-0.242 *** (-22.93)
ESR	0.051 *** (5.514)	0.056 *** (5.764)
ESR × PVR		-0.016 * (-1.702)
INDR	-0.026 *** (-3.037)	-0.026 *** (-3.048)
ALR	-0.445 *** (-43.663)	-0.446 *** (-43.689)
ASS	0.127 *** (11.289)	0.127 *** (11.275)
OIG	0.03 *** (3.356)	0.03 *** (3.355)
ATURN	0.118 *** (12.662)	0.118 *** (12.616)
ECOMP	0.248 *** (23.708)	0.248 *** (23.712)
年度	控制	控制
行业	控制	控制
adjR2	0.292	0.292
F 值	127.787	124.137
N	10139	10139

注：＊、＊＊、＊＊＊分别表示在10%、5%、1%水平上显著。

表 6.6 多元回归分析

变量	无 PE/VC 投资样本组	无 PE/VC 投资样本组
常量	-0.24^{***} (-20.543)	-0.243^{***} (-20.762)
ESR	0.056^{***} (5.589)	
MSR		0.064^{***} (6.279)
INDR	-0.03^{***} (-3.224)	-0.030^{***} (-3.145)
ALR	-0.443^{***} (-40.177)	-0.44^{***} (-39.621)
ASS	0.13^{***} (10.545)	0.132^{***} (10.678)
OIG	0.027^{***} (2.723)	0.025^{***} (2.582)
ATURN	0.106^{***} (10.323)	0.106^{***} (10.334)
ECOMP	0.245^{***} (21.187)	0.246^{***} (21.314)
年度	控制	控制
行业	控制	控制
adjR^2	0.303	0.303
F 值	109.749	110.105
N	8268	8268

注：*、＊＊、＊＊＊分别表示在 10%、5%、1%水平上显著。

表 6.7 多元回归分析

变量	创业板和中小板样本组	创业板和中小板样本组
常量	− 0. 334 *** (− 12. 394)	− 0. 333 *** (− 12. 358)
ESR	0. 051 *** (2. 957)	0. 06 *** (3. 317)
ESR × PVR		− 0. 028 * (− 1. 649)
INDR	− 0. 022 (− 1. 345)	− 0. 023 (− 1. 377)
ALR	− 0. 507 *** (− 24. 226)	− 0. 507 *** (− 24. 239)
ASS	0. 18 *** (8. 332)	0. 179 *** (8. 284)
OIG	0. 056 *** (3. 203)	0. 056 *** (3. 216)
ATURN	0. 161 *** (8. 592)	0. 159 *** (8. 505)
ECOMP	0. 241 *** (12. 69)	0. 242 *** (12. 712)
年度	控制	控制
行业	控制	控制
adjR^2	0. 333	0. 334
F 值	40. 57	39. 483
N	2612	2612

注：*、* *、* * * 分别表示在 10%、5%、1% 水平上显著。

就 PE/VC 投资对内部人持股与企业绩效关系的调节作用而言，

从表 6.5 中可以看出，ESR × PVR 的系数为 −0.016 且在 10% 的水平上显著，ESR 系数为 0.056 且在 1% 的水平上显著；同时，以创业板和中小板上市公司为样本，从表 6.7 中可以看出，ESR × PVR 的系数为 −0.028 且在 10% 的水平上显著，ESR 系数为 0.06 且在 1% 的水平上显著。上述结果表明，无论是以全部上市公司为样本，还是以创业板和中小板上市公司为样本，PE/VC 投资对内部人持股与企业绩效关系有负向的调节作用。

四、稳健性测试

为了增加研究结果的稳健性，我们采用管理层年末持股数量除以年末总股数（ESR）代替高管年末持股数量除以年末总股数（MSR）作为内部人持股比例的解释变量。就内部人持股比例与企业绩效可言，从表 6.8 中可以看出，MSR 的系数为 0.061 且在 1% 的水平上显著；同时，以创业板和中小板上市公司为样本，从表 6.9 中可以看出，MSR 的系数为 0.047 且在 1% 的水平上显著；以无 PE/VC 投资上市公司为样本，从表 6.6 中可以看出，MSR 的系数为 0.064 且在 1% 的水平上显著。上述结果表明，无论是以全部上市公司为样本，还是以创业板和中小板上市公司或无 PE/VC 投资上市公司为样本，内部人持股比例与企业绩效均呈正相关关系。这些与本书测试部分的研究结果一致。

就 PE/VC 投资对内部人持股与企业绩效关系的调节作用而言，从表 6.8 中可以看出，MSR × PVR 的系数为 −0.014 且在 10% 的水平上显著，MSR 系数为 0.065 且在 1% 的水平上显著，同时，以创业板和中小板上市公司为样本，从表 6.9 中可以看出，MSR×PVR 的系数为 -0.026 且在 10% 的水平上显著，MSR 系数为 0.052 且在 1% 的水平上显著。上述结果表明，无论是以全部上市公司为样本，还是以创业板和中小板上市公司为样本，PE/VC 投资对内部人持股与企业绩效关系有负向的调节作用。这些与本书测试部分的研究结果一致。

表 6.8　多元回归分析

变量	全部样本组	全部样本组
常量	-0.246 *** (-23.195)	-0.246 *** (-23.178)
MSR	0.061 *** (6.44)	0.065 *** (6.602)
MSR×PVR		-0.014 * (-1.707)
INDR	-0.025 *** (-2.983)	-0.025 *** (-2.985)
ALR	-0.441 *** (-42.96)	-0.442 *** (-42.995)
ASS	0.129 * * * (11.461)	0.129 * * * (11.442)
OIG	0.029 *** (3.25)	0.029 *** (3.239)
ATURN	0.118 *** (12.664)	0.118 *** (12.614)
ECOMP	0.249 *** (23.845)	0.249 *** (23.852)

续表

变量	全部样本组	全部样本组
年度	控制	控制
行业	控制	控制
adjR^2	0.293	0.293
F 值	128.261	124.571
N	10139	10139

注：＊、＊＊、＊＊＊分别表示在 10%、5%、1% 水平上显著。

表 6.9 多元回归分析

变量	创业板和中小板样本组	创业板和中小板样本组
常量	-0.336 *** (-12.442)	-0.335 *** (-12.402)
MSR	0.047 *** (2.688)	0.052 *** (2.957)
MSR × PVR		-0.026 * (-1.658)
INDR	-0.020 (-1.187)	-0.02 (-1.197)
ALR	-0.506 *** (-24.113)	-0.506 *** (-24.12)
ASS	0.178 *** (8.267)	0.177 *** (8.209)
OIG	0.054 *** (3.08)	0.054 *** (3.065)
ATURN	0.16 *** (8.546)	0.158 *** (8.453)

续表

变量	创业板和中小板样本组	创业板和中小板样本组
ECOMP	0.245 *** (12.866)	0.246 *** (12.894)
年度	控制	控制
行业	控制	控制
adjR^2	0.333	0.333
F 值	40.5	39.402
N	2612	2612

注：＊、＊＊、＊＊＊分别表示在10%、5%、1%水平上显著。

第五节　研究结论

目前，国内外学者大多仅从内部人持股视角来研究对企业绩效的影响，而忽略了 PE/VC 投资对其的调节作用。本书针对这一研究的不足，将 PE/VC 投资对内部人持股和企业绩效之间关系的调节作用进行了研究。研究发现，内部人持股与企业绩效之间均存在显著的正相关关系，同时，PE/VC 投资会强化股权集中度与企业绩效之间的正相关关系。随着 PE/VC 投资持股比例的增加，管理层持股比例对企业绩效的影响作用减弱。管理层股权激励是通过管理层持有企业股权等，给予企业管理层一定的分配企业经营成果的权力，让企业管理层同企业股东一样能参与分配企业利润等，使管理层和股东的目标函数一致，产生利益趋同效应，减少代理成本，提高企业绩效。随着 PE/VC 投资持股比例的增加，可能向被投资企业派出董事、监事或管理层，进而对被投资企业的经营决策有重大影响甚至取得控制权。而企业股东、董事会和企业管理层之间订立的权力分配合同往往是不完备的，存在一些合同无法规范的权力模糊地带，因而，PE/VC 投资持股比例的增加有可能导致企业的控制权之争。同时，PE/VC 投资持股比例的增加，也可能增加企业的集体决策成本。因此，在有 PE/VC 投资的企业，随着 PE/VC 投资持股比例的增加，管理层持股比例对企业绩效的影响作用减弱。

第七章

研究结论与展望

第一节　研究结论

1946 年，在美国成立了世界上第一家 PE/VC 投资机构，此后 PE/VC 得到了快速的发展。进入 21 世纪以来，国内以及国际资本市场快速发展，全球 PE/VC 募资金额总额、所投项目数量和资金量都出现非常快速的增长，目前，PE/VC 投资已经成为企业仅次于资本市场和银行的重要融资方式。PE/VC 通过在资金、公司治理、商业模式等方面支持被投资企业，促进企业的快速发展。在 PE/VC 的支持下，美国诞生了雅虎、微软、苹果、英特尔、谷歌、亚马逊等许多世界级著名企业。国际经验已经证明，PE/VC 投资在支持企业发展、企业并购等方面已经起到巨大的作用。公司治理是企业的一种基础性制度安排，一个企业无论是大型企业或是中小企业，国有企业或是民营企业，公司治理的水平都会影响到企业股东、管理层、债权人等利益相关者的利益，是企业长期发展的基础。专家学者从企业股权结构、董事会、监事会、管理层激励约束机制等方面对公司治理做了较多的研究。然而，企业的股权结构是公司治理的核心问题，这是因为企业股权结构决定企业股东以及股东大会，进而决定了企业董事会、监事会和管理层的组成，而股东大会、监事会和管理层是公司治理结构的利益主体。因此，企业股权结构决定企业的产权性质，决定企业的剩余索取权，进而决定企业的利益分配模式和企业组织结构模式，因而是企业公司治理的基础。与美国等发达国家相比，我国上市公司的股权结构存在相当大的差异，股权结构最显著的特点股权分置、一股独大和国有企业较多。2005 年之后，中国证监会对上市公司推进股权分置改革，企业非流通股比例大幅降低，上市公司股权分置、一股独大的现象有所缓解。2004 年和 2009 年，我国在深圳交易所相继推出中小板和创业板，为中小企业在资本市场融资提供大力支持，提高企业直接融资的比例。在深圳交易所中小板和创业板上市的企业的一个重要特点是企业性质几乎是非国有企业，而且许多企业引入了 PE/VC 投资，这与原来上市公司很大比例是国有企业和极少有 PE/VC 投资有很大的不同。我国上市公司股权结构与之前有很大区别以及许多企业引入了 PE/VC 投资的背景，为本书从 PE/VC 投资的视角研究股权结构与企业绩效的关系提供了重要的实验场所。本书在广泛借鉴国内外相关研究文献的基础上，以 PE/VC 投资为调节变量，实证分析 PE/VC 投资、股权结构对企业绩效的影响。以委托代理理论、公司治理理论、PE/VC 功效假说理论、激励理论和契约理论为理论基础，对 PE/VC 投资、股权结构对企业绩效影响的机理进行分析。以我国沪深 A 股上市公司为研究样本，在文献综述、理论分析和提出相关研究假设的基础上，综合应用描述性统计、Pearson 相关性分析、多元回归分析等方法，利用 SPSS、Excel 等统计工具，围绕 PE/VC 投资、股权结构对企业绩效的影响这一研究主题，重点研究了以下问题：PE/VC 投资、股权集中度对企业绩效有怎样的影响？PE/VC 投资、股权制衡度对企业绩效有怎样的影响？PE/VC 投资、内部人持股对企业绩效有怎样的影响？通过对这三个问题的系统、深入的研究，本书的主要研究结论如下。

1. 企业股权集中度、股权制衡度、内部人持股均与企业绩效呈正相关关系。基于委托代理理论、公司治理理论等理论基础，将企业股权结构分为股权集中度、股权制衡度、内部人持股三个维度，在理论分析和提出研究假设的基础上，运用分组检验、描述性统计、Pearson 相关性分析、多元回归分析的方法分别检验了企业股权集中度、股权制衡度、内部人持股对企业绩效的影响。研究结果表明，企业股权集中度、股权制衡度、内部人持股均与企业绩效呈正相关关系。

2. PE/VC 投资对企业股权集中度、股权制衡度和企业绩效关系有正向的调节作用，对企业内部人持股与企业绩效关系有负向的调节作用。基于委托代理理论、公司治理理论、PE/VC 功效假说理论等理论基础，在理论分析和提出研究假设的基础上，以 PE/VC 投资持股比例作为调节变量，运用分组检验、描述性统计、Pearson 相关性分析、多元回归分析的方法分别检验了 PE/VC 投资对股权集中度、股权制衡度、内部人持股和企业绩效关系的调节作用。研究结果表明，PE/VC 投资对企业股权集中度、股权制衡度和企业绩效关系有正向的调节作用，PE/VC 投资对企业内部人持股与企业绩效关系有负向的调节作用。

本书从 PE/VC 投资视角对股权结构与企业绩效关系的研究，开拓了股权结构与企业绩效关系研究新视野，拓展了公司治理理论的应用领域，为解决企业公司治理结构影响企业绩效提供了新的思路。

第二节　研究展望

1. 公司治理是企业最基本的企业制度安排，包括内部治理和外部治理，而股权结构仅仅只是内部治理的一个方面，而 PE/VC 投资也仅仅是众多机构投资者的一部分。但是由于水平、时间和精力的限制，目前仅能研究 PE/VC 投资、股权结构对企业绩效的影响，后续的研究工作可以在公司治理的其他方面开展，如 PE/VC 投资、产品市场对企业绩效的影响等。

2. 扩大研究样本的范围。今后的研究可以对我国新三板、美国纳斯达克、香港资本市场的 PE/VC 投资、股权结构和企业绩效进行比较研究，进而分析不同地区和不同板块是否会影响到现有的研究结论。

3. 将 PE/VC 投资放在产融结合的大框架中进行研究。PE/VC

投资属于企业进行产融结合的重要方式，也是目前企业进行产融结合最重要的一部分之一。将 PE/VC 投资放在产融结合的大框架中进行研究有利于充实产融结合的研究内容。

参考文献

［1］安烨，钟廷勇．股权集中度、股权制衡与公司绩效关联性研究——基于中国制造业上市公司的实证分析［J］．东北师大学报（哲学社会科学版），2011（6）：46－52．

［2］陈满依．私募股权融资对上市企业经营绩效的影响分析［J］．上海金融，2013（6）：112－119．

［3］陈伟．风险投资的资本来源影响企业技术创新的机理分析和实证研究——基于非资本增值视角［J］．商业经济与管理，2013（9）：87－96．

［4］陈见丽．风险投资对我国创业板公司业绩增长的影响［J］．财经科学，2012（3）：50－58．

［5］陈德萍，陈永圣．股权集中度、股权制衡度与公司绩效关系研究——2007—2009年中小企业板块的实证检验［J］．会计研究，2011（1）：38－43．

［6］陈冬华，胡晓莉，梁上坤，新夫．宗教传统与公司治理［J］．经济研究，2013（9）：71－84．

[7] 陈仕华，郑文全. 公司治理理论的最新进展：一个新的分析框架 [J]. 管理世界，2010（2）：156 - 166.

[8] 陈仕华，李维安. 公司治理的社会嵌入性：理论框架及嵌入机制 [J]. 中国工业经济，2011（6）：99 - 108.

[9] 陈运森，谢德仁. 董事网络、独立董事治理与高管激励 [J]. 金融研究，2012（2）：168 - 182.

[10] 成思危. 积极稳妥地推进我国的风险投资事业 [J]. 管理世界，1999（1）：2 - 7.

[11] 丛海涛，唐元虎. 公司风险投资对核心竞争力的作用机理研究 [J]. 研究与发展管理，2003（4）：73 - 82.

[12] 丁响. 私募股权资本退出与公司治理因素关系的实证研究 [J]. 上海金融，2009（1）：33 - 37.

[13] 段伟宇，师萍，陶建宏. 创新型企业股权结构与成长性的关系研究——基于沪深上市企业的实证检验 [J]. 投资研究，2012（5）：79 - 90.

[14] 樊洪，王敏，潘岳奇. 创业投资促进高新技术企业成长：资金支持与管理支持的作用 [J]. 科技进步与对策，2012（11）：1 - 4.

[15] 冯慧群. 风险投资对公司治理的影响效应——文献述评与研究展望 [J]. 现代管理科学，2016（07）：67 - 69.

[16] 冯延超. 高科技企业股权集中度与绩效的关系——与传统企业的比较研究 [J]. 科学学研究，2010（8）：1192 - 1197.

[17] 冯华，司光禄，冯弘毅. 公司治理视角下的企业边界分析

[J]．中国工业经济，2013（3）：85－97．

[18]　冯根福，韩冰，闫冰．中国上市公司股权集中度变动的实证分析［J］．经济研究，2002（8）：12－93．

[19]　冯根福，黄建山．中国上市公司治理对公司成长能力影响的实证分析［J］．经济管理，2009（12）：61－68．

[20]　冯照桢，温军，刘庆岩．风险投资与技术创新的非线性关系研究——基于省级数据的 PSTR 分析［J］．产业经济研究，2016（02）：32－42．

[21]　高敬忠，周晓苏．管理层持股能减轻自愿性披露中的代理冲突吗？——以我国 A 股上市公司业绩预告数据为例［J］．财经研究，2013（11）：123－133．

[22]　高正平，李仪简．我国商业银行股权结构对银行绩效影响的实证分析——基于国家持股与银行绩效非线性关系的视角［J］．中央财经大学学报，2010（4）：18－23．

[23]　龚光明，张柳亮．股权制衡与公司绩效关系研究——基于内外生双重视角的经验证据［J］．财经理论与实践，2013（2）：64－67．

[24]　黄燕，吴婧婧，商晓燕．创新激励政策、风险投资与企业创新投入［J］．科技管理研究，2013（16）：9－14．

[25]　黄福广，李西文．风险资本对我国中小上市公司财务业绩的影响研究［J］．投资研究，2009（10）：61－64．

[26]　黄俊，卢介然．股权结构、高管持股与股东隧道行为［J］．财经问题研究，2012（8）：59－65．

[27] 郝云宏，周翼翔. 董事会结构、公司治理与绩效——基于动态内生性视角的经验证据 [J]. 中国工业经济，2010（5）：110-120.

[28] 郝书辰，陶虎，田金方. 不同股权结构的国有企业治理效率比较研究——以山东省为例 [J]. 中国工业经济，2011（9）：130-139.

[29] 贾生华，王敏，潘岳奇，邬爱其. 创业投资对企业成长促进作用研究综述 [J]. 江西社会科学，2009（6）：92-97.

[30] 蒋大兴. 论公司治理的公共性——从私人契约向公共干预的进化 [J]. 吉林大学社会科学学报，2013（6）：75-85.

[31] 康华，王鲁平，王娜. 股权集中度、CEO激励与企业研发战略——来自我国上市公司的证据 [J]. 软科学，2011（10）：17-26.

[32] 李波，单漫与. 国有银行治理结构与管理层激励——多项任务委托代理、经理人市场和优先股 [J]. 金融研究，2009（10）：57-67.

[33] 李希义. 外资创业投资对我国经济发展的作用研究 [J]. 中国科技论坛，2009（5）：63-68.

[34] 李锦生，范林榜，潘善启. 上市公司股权集中度与经营绩效关系的行业特征分析 [J]. 中国行政管理，2008（2）：72-76.

[35] 李琳，刘凤委，卢文彬. 基于公司业绩波动性的股权制衡治理效应研究 [J]. 管理世界，2009（5）：145-151.

[36] 李九斤，刘东，安实. 风险投资特征对企业技术创新的影

响研究［J］.上海金融，2018（07）：75－84.

　　［37］李培功，徐淑美.媒体的公司治理作用——共识与分歧［J］.金融研究，2013（4）：196－206.

　　［38］李维安.中国上市公司治理状况评价研究——来自2008年1127家上市公司的数据［J］.管理世界，2010（1）：142－151.

　　［39］李维安.阳光下公司治理的较量［J］.南开管理评论，2010（5）：1－10.

　　［40］李维安，邱艾超，古志辉.双重公司治理环境、政治联系偏好与公司绩效——基于中国民营上市公司治理转型的研究［J］.中国工业经济，2010（6）：85－95.

　　［41］李维安，邱艾超，牛建波，徐业坤.公司治理研究的新进展：国际趋势与中国模式［J］.南开管理评论，2010（6）：13－49.

　　［42］李维安.创业板高成长的制度基础：有效的公司治理［J］.南开管理评论，2011（5）：1－12.

　　［43］李维安，徐业坤，宋文洋.公司治理评价研究前沿探析［J］.外国经济与管理，2011（8）：57－65.

　　［44］李维安.中国公司治理指数十年：瓶颈在于治理的有效性［J］.南开管理评论，2012（6）：1－8.

　　［45］李维安.深化公司治理改革的风向标：治理有效性［J］.南开管理评论，2013（5）：1－15.

　　［46］李维安.移动互联网时代的公司治理变革［J］.南开管理评论，2014（4）：1－10.

　　［47］李培功，沈艺峰.媒体的公司治理作用：中国的经验证据

[J]. 经济研究, 2010 (4): 14 - 27.

[48] 林润辉, 范建红, 赵阳, 张红娟, 侯如靖. 公司治理环境、治理行为与治理绩效的关系研究——基于中国电信产业演进的证据 [J]. 南开管理评论, 2010 (6): 138 - 148.

[49] 林大庞, 苏冬蔚. 股权激励与公司业绩——基于盈余管理视角的新研究 [J]. 金融研究, 2011 (9): 162 - 177.

[50] 刘凤元. 风险资本对高新技术企业治理结构影响研究 [J]. 北京工商大学学报 (社会科学版), 2012 (5): 90 - 97.

[51] 刘运国, 高亚男. 我国上市公司股权制衡与公司业绩关系研究 [J]. 中山大学学报 (社会科学版), 2007 (4): 102 - 128.

[52] 刘星, 蒋弘. 上市公司股权制衡与并购绩效——基于夏普利 (Shapley) 指数与粗糙集的实证研究 [J]. 经济与管理研究, 2012 (2): 15 - 21.

[53] 刘星, 蒋弘. 异质预期下股权制衡对公司并购绩效的影响 [J]. 中国管理科学, 2013 (4): 144 - 151.

[54] 刘汉民, 康丽群. 公司治理的路径演化和路径选择 [J]. 中国工业经济, 2013 (12): 78 - 90.

[55] 刘羽芬, 刘小元, 李永壮. 公司治理机制对企业经营效率影响的实证研究——基于台湾面板企业的经验证据 [J]. 中央财经大学学报, 2011 (9): 75 - 80.

[56] 刘运国, 高亚男. 我国上市公司股权制衡与公司业绩关系研究 [J]. 中山大学学报 (社会科学版), 2007 (4): 102 - 128.

[57] 吕怀立, 李婉丽. 股权制衡的公司治理绩效模型研究

[J]. 经济与管理研究, 2011 (5): 5-11.

[58] 吕长江, 严明珠, 郑慧莲, 许静静. 为什么上市公司选择股权激励计划? [J]. 会计研究, 2011 (1): 68-96.

[59] 卢晖, 肖婧, 张伟. 机构投资者参与公司治理的传导途径研究 [J]. 北京师范大学学报 (社会科学版), 2012 (3): 115-125.

[60] 马嫣然, 蔡建峰, 王森. 风险投资背景、持股比例对初创企业技术创新产出的影响——研发投入的中介效应 [J]. 科技进步与对策, 2018, 35 (15): 1-8.

[61] 马富萍, 郭玮. 高管持股、技术创新与企业绩效的关系研究——基于资源型上市公司的实证检验 [J]. 内蒙古大学学报 (哲学社会科学版), 2012 (3): 105-109.

[62] 马连福, 石晓飞, 王丽丽. 公司治理有效性与治理模式创新——第七届公司治理国际研讨会综述 [J]. 南开管理评论, 2013 (6): 149-154.

[63] 马磊, 徐向艺. 两权分离度与公司治理绩效实证研究 [J]. 中国工业经济, 2010 (12): 108-116.

[64] 马承宇. 公司治理结构的有效制衡: 论商业银行内部监督控制机制的构建 [J]. 投资研究, 2010 (12): 22-25.

[65] 马跃如, 段斌. 董事会特征、高管激励方式与中小企业成长——基于国有样本与民营样本数据的对比研究 [J]. 科学学与科学技术管理, 2010 (10): 180-185.

[66] 彭熠, 邵桂荣. 国有股权比重、股权制衡与中国农业上市

公司经营绩效——兼论农业上市公司国有股减持方案 [J]．中国农村经济，2009（6）：73－89．

[67] 齐绍洲，罗威．风险投资基金对企业治理结构的影响 [J]．证券市场导报，2004（4）：54－79．

[68] 钱露，李世宗．机构投资者参与公司治理的决策研究——基于绝对净收益的视角 [J]．中央财经大学学报，2010（4）：48－52．

[69] 钱露．机构投资者参与公司治理的决策研究 [J]．经济学动态，2011（4）：38－41．

[70] 钱露．机构投资者参与公司治理的决策——基于目标公司股权结构的视角 [J]．中央财经大学学报，2011（5）：66－70．

[71] 曲扬．后金融危机时代如何完善我国上市公司治理模式 [J]．中央财经大学学报，2010（6）：61－64．

[72] 舟茂盛，贺创，罗富碧．管理层持股水平与公司绩效的 N 型关系研究 [J]．经济体制改革，2008（2）：57－61．

[73] 舟明东．论企业交叉持股的"双刃剑效应"——基于公司治理框架的案例研究 [J]．会计研究，2011（5）：78－96．

[74] 申尊焕，郑秋亚．股权集中度与公司业绩：一个关系模型 [J]．数量经济技术经济研究，2004（1）：116－121．

[75] 邵传林，刘源．风险投资影响中小企业技术创新的研究评述与展望 [J]．首都经济贸易大学学报，2017，19（06）：101－108．

[76] 司颖洁，李姚矿．风险投资对高技术产业技术创新的作用

研究——基于 DEA 模型的实证分析 [J]. 科技管理研究, 2017, 37 (12): 167-171.

[77] 宋增基, 徐叶琴. 股权制衡、管理层持股与公司绩效 [J]. 生产力研究, 2007 (17): 39-41.

[78] 宋献中, 罗宏. 高级管理层持股与公司经营业绩: 理论、经验与实践 [J]. 管理现代化, 2004 (3): 46-49.

[79] 孙戈兵, 贾宪洲, 刘万利. CEO 兼职和公司治理对多元化行为的影响研究 [J]. 财经问题研究, 2011 (11): 75-78.

[80] 孙兆斌. 股权集中、股权制衡与上市公司的技术效率 [J]. 管理世界, 2006 (7): 115-124.

[81] 谭雅文. 公司治理结构对蓝筹股收益率影响研究 [J]. 投资研究, 2012 (7): 99-107.

[82] 谭庆美, 吴金克. 管理层持股与中小上市企业绩效——基于中小企业板数据的实证分析 [J]. 山西财经大学学报, 2011 (2): 92-99.

[83] 佟岩, 陈莎莎. 生命周期视角下的股权制衡与企业价值 [J]. 南开管理评论, 2010 (1): 108-115.

[84] 王兰芳. 创业投资与公司治理: 基于董事会结构的实证研究 [J]. 财经研究, 2011 (7): 48-59.

[85] 王会娟, 张然. 私募股权投资与被投资企业高管薪酬契约——基于公司治理视角的研究 [J]. 管理世界, 2012 (9): 156-167.

[86] 王舟浩, 张园. 国外公司治理经验及对我国的启示 [J].

西安交通大学学报（社会科学版），2014（1）：54-60.

[87] 王秀军，李曜，龙玉. 风险投资的公司治理作用：高管薪酬视角 [J]. 商业经济与管理，2016（10）：35-44+56.

[88] 王振山，石大林，路文静. 基于内生性的公司治理效率与公司绩效间的关系 [J]. 投资研究，2014（6）：41-54.

[89] 王燕妮. 高管激励对研发投入的影响研究——基于我国制造业上市公司的实证检验 [J]. 科学学研究，2011（7）：1071-1078.

[90] 王燕辉. 私人股权基金若干经济理论与政策问题的思考 [J]. 开放导报，2009（2）：81-85.

[91] 汪昌云，孙艳梅，郑志刚，罗凯. 股权分置改革是否改善了上市公司治理机制的有效性 [J]. 金融研究，2010（12）：131-145.

[92] 魏熙晔，张前程. 最优股权结构与公司价值——理论模型与来自中国的经验证据 [J]. 当代经济科学，2014（3）：92-127.

[93] 魏明海，程敏英，郑国坚. 从股权结构到股东关系 [J]. 会计研究，2011（1）：60-96.

[94] 吴先聪，刘星. 机构投资者参与公司治理的研究综述——起源、机制和效应 [J]. 软科学，2011（9）：116-120.

[95] 吴红军，吴世农. 股权制衡、大股东掏空与企业价值 [J]. 经济管理，2009（3）：44-52.

[96] 吴继忠. 私募股权投资公司上市模式比较研究 [J]. 证券市场导报，2008（9）：10-15.

[97] 吴国鼎, 叶扬. 股权集中度、行业特征与企业绩效——基于中国上市公司的实证分析 [J]. 北京工商大学学报（社会科学版）, 2013 (5): 90-98.

[98] 吴斌, 黄明峰. 股权集中度与风险投资企业绩效相关性研究——来自深市中小板市场的经验证据 [J]. 科技进步与对策, 2011 (18): 80-85.

[99] 谢雅萍, 宋超俐. 风险投资与技术创新关系研究现状探析与未来展望 [J]. 外国经济与管理, 2017, 39 (02): 47-59.

[100] 谢雅萍, 宋超俐. 风险投资对企业技术创新的影响 [J]. 自然辩证法研究, 2016, 32 (07): 57-61.

[101] 徐莉萍, 辛宇, 陈工孟. 股权集中度和股权制衡及其对公司经营绩效的影响 [J]. 经济研究, 2006 (1): 90-100.

[102] 薛华溢, 吴青. 银行控股公司的绩效与公司治理结构——来自中国经验的实证研究 [J]. 中央财经大学学报, 2012 (10): 37-42.

[103] 徐宁, 徐向艺. 监事股权激励、合谋倾向与公司治理约束——基于中国上市公司面板数据的实证研究 [J]. 经济管理, 2012 (1): 41-49.

[104] 辛清泉, 郭磊. 交叉上市的约束效应与公司治理相关研究述评 [J]. 现代财经（天津财经大学学报）, 2012 (10): 115-122.

[105] 谢军. 第一大股东、股权集中度和公司绩效 [J]. 经济评论, 2006 (1): 70-97.

［106］杨世伟，董银霞. 私募股权投资、持股比例及公司盈利关系的实证检验——基于中港上市公司的对比分析［J］. 管理现代化，2013（6）：13－15.

［107］杨宝，袁天荣. 风险资本介入、研发投资与创新绩效关系研究——基于创业板的经验证据［J］. 科技进步与对策，2013（13）：83－86.

［108］杨典. 公司治理与企业绩效——基于中国经验的社会学分析［J］. 中国社会科学，2013（1）：72－206.

［109］杨合力，周立，王博. 公司治理、机构投资者与企业绩效——来自中国上市公司的经验证据［J］. 财政研究，2012（8）：67－71.

［110］杨清香，俞麟，胡向丽. 不同产权性质下股权结构对投资行为的影响——来自中国上市公司的经验证据［J］. 中国软科学，2010（7）：142－150.

［111］燕玲. 股权结构影响上市公司绩效的实证研究［J］. 财经问题研究，2012（11）：71－76.

［112］阎海峰，沈锦杰. 股权结构对合资企业绩效的影响研究——基于组织学习的视角［J］. 中国工业经济，2010（4）：151－160.

［113］姚燕. 管理层持股与公司绩效的相关性分析［J］. 山西财经大学学报，2006（2）：70－73.

［114］姚伟峰，鲁桐，何枫. 股权分置改革、管理层激励与企业效率——基于上市公司行业数据的经验分析［J］. 世界经济，2009（12）：77－86.

[115] 苑德军, 郭春丽. 股权集中度与上市公司价值关系的实证研究 [J]. 财贸经济, 2005 (9): 62 - 97.

[116] 余澳, 李恒. 民营上市公司股权集中度与公司绩效实证分析 [J]. 西南民族大学学报 (人文社会科学版), 2011 (3): 133 - 136.

[117] 余澳, 李昀桦, 薛熙. 我国民营上市公司股权制衡度与公司绩效关系分析 [J]. 经济纵横, 2012 (6): 110 - 113.

[118] 俞红海, 徐龙炳. 股权集中下的控股股东侵占与公司治理综述 [J]. 经济管理, 2011 (10): 127 - 134.

[119] 于忠泊, 田高良, 齐保垒, 张皓. 媒体关注的公司治理机制——基于盈余管理视角的考察 [J]. 管理世界, 2011 (9): 127 - 140.

[120] 姚伟峰. 股权结构与企业效率——基于信息行业与交通运输仓储行业上市公司数据比较研究 [J]. 中央财经大学学报, 2010 (9): 71 - 75.

[121] 赵炎, 卢颖. 风险投资与上市公司经营业绩之间的关系——以我国中小企业板上市公司为样本 [J]. 科技进步与对策, 2009 (23): 108 - 111.

[122] 赵景文, 于增彪. 股权制衡与公司经营业绩 [J]. 会计研究, 2005 (12): 59 - 96.

[123] 赵昌文, 杨记军, 夏秋. 中国转型期商业银行的公司治理与绩效研究 [J]. 管理世界, 2009 (7): 46 - 55.

[124] 赵尚梅, 杜华东, 车亚斌. 城市商业银行股权结构与绩

效关系及作用机制研究 [J]. 财贸经济, 2012 (7): 39 - 48.

[125] 詹雷, 王瑶瑶. 管理层激励、过度投资与企业价值 [J]. 南开管理评论, 2013 (3): 36 - 46.

[126] 张其秀, 冉毅, 陈守明, 王桂. 研发投入与公司绩效: 股权制衡还是股权集中? ——基于国有上市公司的实证研究 [J]. 科学学与科学技术管理, 2012 (7): 126 - 132.

[127] 张良, 王平, 毛道维. 股权集中度、股权制衡度对企业绩效的影响 [J]. 统计与决策, 2010 (7): 151 - 153.

[128] 张钢, 陈佳乐. 公司治理、组织二元性与企业长短期绩效——基于中美两国上市公司面板数据的实证研究 [J]. 浙江大学学报 (人文社会科学版), 2014 (3): 71 - 87.

[129] 张奇峰, 丁苏丽. 股权流通性改善对高管激励机制的影响——来自中国股权分置改革前后高管薪酬的证据 [J]. 经济管理, 2011 (3): 142 - 149.

[130] 张蕊. "新经济" 时期企业经营业绩评价指标体系框架的建立 [J]. 当代财经, 2001 (5): 73 - 76.

[131] 张蕊. 企业经营业绩评价理论与方法的变革 [J]. 会计研究, 2001 (12): 46 - 50.

[132] 张蕊. 论企业经营业绩评价的理论依据 [J]. 当代财经, 2002 (4): 68 - 73.

[133] 张蕊. 企业经营业绩评价方法的比较研究 [J]. 当代财经, 2006 (2): 109 - 113.

[134] 张蕊. 企业战略经营业绩评价指标体系的改进 [J]. 财

经问题研究，2010（7）：96－99.

［135］张蕊. 企业战略经营业绩评价的核心财务指标［J］. 当代财经，2003（6）：100－102.

［136］郑志刚，孙娟娟. 我国上市公司治理发展历史与现状评估［J］. 金融研究，2009（10）：118－132.

［137］支晓强. 管理层持股与业绩关系的理论分析［J］. 财经科学，2003（2）：5－10.

［138］周宏，刘玉红，张巍. 激励强度、公司治理与经营绩效——基于中国上市公司的检验［J］. 管理世界，2010（4）：172－176.

［139］周仁俊，杨战兵，李礼. 管理层激励与企业经营业绩的相关性——国有与非国有控股上市公司的比较［J］. 会计研究，2010（12）：69－75.

［140］朱滔. 大股东控制、股权制衡与公司绩效［J］. 管理科学，2007（5）：14－21.

［141］Abidin, S., Reddy, K., & Chen, L. Determinants of Ownership Structure and Performance of Seasoned Equity Offerings：Evidence from Chinese Stock Markets［J］. International Journal of Managerial Finance, 2012, 8（4）：304－331.

［142］Abor, J., & Biekpe, N. Corporate Governance, Ownership Structure and Performance of SMEs in Ghana：Implications for Financing Opportunities. Corporate Governance［J］. The International Journal of Effective Board Performance, 2007, 7（3）：288－300.

[143] Achleitner, A., Engel, N., & Reiner, U. The Performance of Venture Capital Investments: Do Investors Overreact? [J]. Review of Financial Economics, 2007, 22 (1): 20 –35.

[144] Andreou, P. C., Louca, C., & Panayides, P. M. Corporate Governance, Financial Management Decisions and Firm Performance: Evidence from the Maritime Industry [J]. Transportation Research: Part E: Logistics and Transportation Review, 2014, 6 (3), 59 –78.

[145] Barney, J. B., & Busenitz, L. W. New Venture Teams' Assessment of Learning Assistance from Venture Capital Firms [J]. Journal of Business Venturing, 1996, 11 (4): 2 –57.

[146] Berle, A, Means, G. The Modern Corporation and Private Property [M]. New York: Macmillan, 1932.

[147] Bottazzi, L., Da Rin, M., & Hellmann, T. Who are the Active Investors?: Evidence from Venture Capital [J]. Journal of Financial Economics, 2008, 89 (3): 488 –512.

[148] Braga – Alves, M. V., & Shastri, K. Corporate Governance, Valuation, and Performance: Evidence from a Voluntary Market Reform in Brazil [J]. Financial Management (Wiley – Blackwell), 2011, 40 (1): 139 –157.

[149] Brav, A., & Gompers, P. A. Myth or Reality? The Long – Run Underperformance of Initial Public Offerings: Evidence from Venture and Nonventure Capital – Backed Companies [J]. Journal of Fi-

nance, 1997, 52 (5): 1791 - 1821.

[150] Brenes, E. R. , Madrigal, K. , & Requena, B. Corporate Governance and Family Business Performance [J]. Journal of Business Research, 2011, 64 (3): 280 - 285.

[151] Brisker, E. R. , Autore, D. M. , Colak, G. , & Peterson, D. R. Executive Compensation Structure and the Motivations for Seasoned Equity Offerings [J]. Journal of Banking & Finance, 2014, 40, 330 - 345.

[152] Brown, J. R. Venture Capital and Firm Performance over the Long - Run: Evidence from High - Tech IPOs in the United States [J]. Journal of Entrepreneurial Finance and Business Ventures, 2005, 10 (3): 1 - 33.

[153] Bruton, G. D. , Filatotchev, I. , Chahine, S. , & Wright, M. Governance, Ownership Structure, and Performance of IPO Firms: The Impact of Different Types of Private Equity Investors and Institutional Environments [J]. Strategic Management Journal, 2010, 31 (5): 491 - 509.

[154] Buccheri, G. , Marmi, S. , & Mantegna, R. N. Evolution of Correlation Structure of Industrial Indices of U. S. Equity Markets [J]. Physical Review E: Statistical, Nonlinear & Soft Matter Physics, 2013, 88 (1): 1 - 7.

[155] Bunea, M. The Corporate Governance Impact on Banking Performance Increase: Empirical Study [J]. Cross - Cultural Manage-

ment Journal, 2013, 15 (3): 51 -61.

[156] Chengxi, Y. Market Structure of the Chinese Equity Markets [J]. Fordham Journal of Corporate & Financial Law, 2013, 19 (1): 109 -200.

[157] Cheung, Y., Connelly, J. T., Jiang, P., & Limpaphayom, P. Does Corporate Governance Predict Future Performance? Evidence from Hong Kong [J]. Financial Management, 2011, 40 (1): 159 -197.

[158] Chou, D., Gombola, M., & Liu, F. Earnings Management and Long - Run Stock Performance Following Private Equity Placements [J]. Review of Quantitative Finance and Accounting, 2010, 34 (2): 225 -245.

[159] Coakley, J., Hadass, L., & Wood, A. Post - IPO Operating Performance, Venture Capital and the Bubble Years [J]. Journal of Business Finance and Accounting, 2007, 34 (9): 1423 -1446.

[160] Culasso, F., Broccardo, L., Mazzoleni, A., & Giacosa, E. Corporate Governance in Listed Italian Family Firms: Impact on Performance and Comparison with Non - Family Firms [J]. Journal of Management & Change, 2012, 29 (1): 67 -88.

[161] Cumming, D., & Zambelli, S. Private Equity Performance under Extreme Regulation [J]. Journal of Banking and Finance, 2013, 37 (5): 1508 -1523.

[162] Davila, A., Foster, G., & Gupta, M. Venture Capital

Financing and the Growth of Startup Firms [J]. Journal of Business Venturing, 2003, 18 (6): 689.

[163] D' Souza, J., Megginson, W., & Nash, R. The Effects of Changes in Corporate Governance and Restructurings on Operating Performance: Evidence from Privatizations [J]. Global Finance Journal, 2007, 18 (2): 157 – 184.

[164] El – Chaarani, H. The Impact of Corporate Governance on the Performance of Lebanese Banks [J]. General Information, 2014, 8 (5): 35 – 46.

[165] Erik L., Jurgen W. Does the Governed Corporation Perform Beter? Governance Structures and the Market for Corporate Control in Germany [J]. European Finance Review, 2000, 4: 157 – 195.

[166] Ferreira, R. R., & Gustafson, C. M. Select Performance Differences in Equity and Non – Equity Membership Structures Within Private Clubs [J]. International Journal of Hospitality & Tourism Administration, 2006, 7 (2/3): 63 – 79.

[167] Franzke, S. A. Underpricing of Venture – Backed and Non Venture – Backed IPOs: Germany's Neuer Markt. In G. Giudici, P. Roosenboom (Eds.), the Rise and Fall of Europe's New Stock Markets [J]. Advances in Financial Economics, 2004 (10): 201 – 230.

[168] Franzoni, F., Nowak, E., & Phalippou, L. Private Equity Performance and Liquidity Risk [J]. Journal of Finance, 2012, 67 (6): 2341 – 2373.

[169] Fried, V. H., Bruton, G. D., & Hisrich, R. D. Strategy and the Board of Directors in Venture Capital – backed Firms [J]. Journal of Business Venturing, 1998, 13 (6): 4 – 93.

[170] Gang, W. Ownership Structure, Corporate Governance and Company Performance in China [J]. Asia Pacific Business Review, 2007, 13 (4): 519 – 545.

[171] Ghayad, R. Corporate Governance and the Global Performance of Islamic Banks [J]. Humanomics, 2008, 24 (3): 207 – 216.

[172] Ghazali, N. M. Ownership Structure, Corporate Governance and Corporate Performance in Malaysia [J]. International Journal of Commerce & Management, 2010, 20 (2): 109 – 119.

[173] Gohil, R. The Performance of Private Equity Funds in India [J]. Journal of Private Equity, 2014, 18 (1): 63 – 72.

[174] Gompers, P. A., & Lerner, J. What Drives Venture Capital Fundraising? Authors' Response [J]. Brookings Papers on Economic Activity: Microeconomics, 1998: 203 – 204.

[175] Guo, D., & Jiang, K. Venture Capital Investment and the Performance of Entrepreneurial Firms: Evidence from China [J]. Journal of Corporate Finance, 2013, 22: 375 – 395.

[176] Gürsory, G., & Aydogan, K. Equity Ownership Structure, Risk Taking, and Performance [J]. Emerging Markets Finance & Trade, 2002, 38 (6): 6.

[177] Haberich, K. Venture Capital and Private Equity in China:

Structure, Process and Performance [J]. University of St. Gallen, Business Dissertations, 2009: 1 – 148.

[178] Harris, R. S., Jenkinson, T., & Kaplan, S. N. Private Equity Performance: What Do We know? [J]. Journal of Finance, 2014, 69 (5): 1851 – 1882.

[179] Hege, U., Palomino, F., & Schwienbacher, A. Venture Capital Performance: The Disparity between Europe and the United States [J]. Journal of Finance, 2009, 30 (1): 7 – 50.

[180] Hellman, T., & Puri. Venture Capital and the Professionalization of Start – up Firms: Empirical Evidence. Working Papers [M]. Yale School of Management's Economics Research Network, 2000, 1.

[181] Ho, J. Y., Xiongsheng, Y., & Xiang, L. Control Privatization, Corporate Governance, and Firm Performance: Evidence from China [J]. Journal of International Accounting Research, 2011, 10 (2): 23 – 56.

[182] Hyo Jin, K., & Soon Suk, Y. Corporate Governance and Firm Performance in Korea [J]. Malaysian Accounting Review, 2007, 6 (2): 1 – 17.

[183] Ibrahim, H., & Samad, F. A. Corporate Governance Mechanisms and Performance of Public – Listed Family – Ownership in Malaysia [J]. International Journal of Economics and Finance, 2011, 3 (1): 105 – 115.

[184] Inam, H., & Mukhtar, A. Corporate Governance and Its

Impact on Performance of Banking Sector in Pakistan [J]. International Journal of Information, Business & Management, 2014, 6 (3): 106 – 117.

[185] Ittner, C. D., Lambert, R. A., & Larcker, D. F. The Structure and Performance Consequences of Equity Grants to Employees of New Economy Firms [J]. Journal of Accounting & Economics, 2003, 34 (1/3): 89 – 127.

[186] Ittner, C. D. The Structure and Performance Consequences of Equity Grants to Employees of New – Economy Firms [J]. Pension Benefits, 2011, 10 (5): 11.

[187] Jain, B. A., & Kini, O. Venture Capitalist Participation and the Post – issue Operating Performance of IPO Firms [J]. Managerial & Decision Economics, 1995, 16 (6): 593 – 606.

[188] Jensen, M. C., & Meckling, W. H. Theory of the Firm: Managerial Behavior, Agency Costs and Ownership Structure [J]. Journal of Financial Economics, 1976, 3 (4): 305 – 360.

[189] Jiang, C., Feng, G., & Zhang, J. Corporate Governance and Bank Performance in China [J]. Journal of Chinese Economic & Business Studies, 2012, 10 (2): 131 – 146.

[190] Jin Feng, U., & Shu Hwa, C. Compensation Structure, Perceived Equity and Individual Performance of R&D Professionals [J]. Journal of American Academy of Business, Cambridge, 2004, 4 (1/2): 401 – 405.

[191] Kaplan, S. N. , & Schoar, A. Private Equity Performance: Returns, Persistence, and Capital Flows [J]. Journal of Finance, 2005, 60 (4): 1791 – 1823.

[192] Kim, J. & Jurey, N.. Local and Regional Governance Structures: Fiscal, Economic, Equity, and Environmental Outcomes [J]. Journal of Planning Literature, 2013, 28 (2): 111 – 123.

[193] Kortum, S. & Lerner, J. Assessing the Contribution of Venture Capital to Innovation [J]. Rand Journal of Economics, 2000, 31 (4): 674 – 692.

[194] Krafft, J. , Qu, Y. , Quatraro, F. , & Ravix, J. Corporate Governance, Value and Performance of Firms: New Empirical Results on Convergence from a Large International Database [J]. Industrial and Corporate Change, 2014, 23 (2): 361 – 397.

[195] Krishnan, C. V. , Ivanov, V. I. , Masulis, R. W. , & Singh, A. K. Venture Capital Reputation, Post – IPO Performance, and Corporate Governance [J]. Journal of Financial and Quantitative Analysis, 2011, 46 (5): 1295 – 1333.

[196] Kumar, P. , & Zattoni.. A. Corporate Governance, Board of Directors, and Firm Performance. Corporate Governance: An International Review [J]. 2013, 21 (4): 311 – 313.

[197] Laporta, R. , Lopez – De – Silanes, F. , Shleifer, A. , &Vishny, R. Investor Protection and Corporate Valuation [J]. Journal of Finance. 2002, 57 (3): 1147 – 1170.

[198] Lecomte, P. , & Ooi, J. L. Corporate Governance and Performance of Externally Managed Singapore Reits [J]. Journal of Real Estate Finance and Economics, 2013, 46 (4): 664 –684.

[199] Lee, S. Corporate Governance, Financial Slack and Firm Performance: A Comparative Study between US and UK [J]. Seoul Journal of Business, 2012, 18 (1): 3 –23.

[200] Lerner, J. Venture Capitalists and the Oversight of Private Firms [J]. Journal of Finance, 1995, 50 (1): 301 –318.

[201] Levis, M. The Performance of Private Equity – Backed IPOs [J]. Financial Management, 2011, 40 (1): 253 –277.

[202] Li – Ying, H. , Tzy – yih, H. , & Lai, G. C. Does Corporate Governance and Ownership Structure Influence Performance? Evidence from Taiwan Life Insurance Companies [J]. Journal of Insurance Issues, 2007, 30 (2): 123 –151.

[203] Liu, Z. , & Chen, Z. . Venture Capital Networks and Investment Performance in China [J]. Australian Economic Papers, 2014, 53 (1/2): 97 –111.

[204] Loughran, T. , & Shive, S. The Impact of Venture Capital Investments on Public Firm Stock Performance [J]. Journal of Behavioral Finance, 2011, 12 (4): 233 –246.

[205] Lu, W. , Wang, W. , Hung, S. , & Lu, E. The Effects of Corporate Governance on Airline Performance: Production and Marketing Efficiency Perspectives [J]. Transportation Research: Part E: Lo-

gistics and Transportation Review, 2012, 48 (2): 529 – 544.

[206] MacMillan, I. C. Kulow, D. M. , & Khoylian. R. Venture Capitalists' Involvement in Their Investments: Extent and Performance [J]. Journal of Business Venturing, 1989, 4 (1): 27.

[207] Malamud Rossi, L. E. , & Martelanc, R. An Analysis of the Management Practices of Brazilian Private Equity Firms and their Impact on Company Performance [J]. Venture Capital, 2013, 15 (2): 151 – 172.

[208] Margaritis, D. , & Psillaki, M. Capital Structure, Equity Ownership and Firm Performance [J]. Journal of Banking & Finance, 2010, 34 (3): 621 – 632.

[209] Maury, B. & Pajuste, A.. Multiple Large Shareholders and Firm Value [J]. Journal of Banking & Finance, 2005, 29 (7): 1813 – 1834.

[210] McConnell, J. J. , & Servaes, H. Additional Evidence on Equity Ownership and Corporate Value [J]. Journal of Financial Economics, 1990, 27 (2): 595 – 612.

[211] Mcginson, W. L. , Weiss, K. A. Venture Capitalist Certification in Initial Public Offerings [J]. Journal of Finance, 1991, 46 (3): 879 – 903.

[212] Meles, A. , Monferra, S. , & Verdoliva, V. Do the Effects of Private Equity Investments on Firm Performance Persist over Time? [J]. Applied Financial Economics, 2014, 24 (1/3): 203

－218.

[213] Minardi, A. F. , Ferrari, G. L. , & Araújo Tavares, P. C. Performances of Brazilian IPOs Backed by Private Equity [J]. Journal of Business Research, 2013, 66 (3): 448 – 455.

[214] Minardi, A. F. , Kanitz, R. V. , & Bassani, R. H. Private Equity and Venture Capital Industry Performance in Brazil: 1990 – 2013 [J]. Journal of Private Equity, 2014, 17 (4): 48 – 58.

[215] Mishra, S. , & Mohanty, P. Corporate Governance as a Value Driver for Firm Performance: Evidence from India [J]. Corporate Governance: The International Journal of Effective Board Performance, 2014, 14 (2): 265 – 280.

[216] Morsfield, S. G. & Tan, C. L. Venture Capitalists Influence the Decision to Manage Earnings in Initial Public offerings? [J]. Accounting Review, 2006, 81 (5): 1119 – 1150.

[217] Morck, R. , Shleiferm, A. , & Vishny, R. W. Management Ownership and Market Valuation: an Empirical Analysis [J]. Journal of Financial Economics, 1988, 20 (1/2): 293 – 315.

[218] Mokhtar, S. M. Corporate Governance Practices and Firms Performance: The Malaysian Case. Journal of Money [J]. Investment and Banking, 2009 (11): 45 – 59.

[219] Munisi, G. , & Randøy, T. Corporate Governance and Company Performance across Sub – Saharan African Countries [J]. Journal of Economics & Business, 2013, 70: 92 – 110.

[220] Muhammad Abdul Majid, M., & Lodhi, S. A. Impact of Corporate Governance on Intellectual Capital Efficiency and Financial Performance [J]. Pakistan Journal of Commerce & Social Sciences, 2014, 8 (2): 305 – 330.

[221] Nahata, R. Venture Capital Reputation and Investment Performance [J]. Journal of Financial Economics, 2008, 90 (2): 127 – 151.

[222] Nicholson, G. J., & Kiel, G. C. Can Directors Impact Performance? a Case – Based Test of Three Theories of Corporate Governance [J]. Corporate Governance: An International Review, 2007, 15 (4): 585 – 608.

[223] Ntim, C. G., & Soobaroyen, T. Corporate Governance and Performance in Socially Responsible Corporations: New Empirical Insights from a Neo – Institutional Framework [J]. Corporate Governance: An International Review, 2013, 21 (5): 468 – 494.

[224] Omran, M. M., Bolbol, A., & Fatheldin, A. Corporate Governance and Firm Performance in Arab Equity Markets: Does Ownership Concentration Matter? [J]. International Review of Law & Economics, 2008, 28 (1): 32 – 45.

[225] Pagano, M., & Röell, A. The Choice of Stock Ownership Structure: Agency Costs, Monitoring, and the Decision to Go Public [J]. Quarterly Journal of Economics, 1998, 113 (1): 187 – 225.

[226] Rehman, R., & Mangla, I. U. Does Corporate Govern-

ance Influence Banking Performance? [J]. Journal of Leadership, Accountability & Ethics, 2012, 9 (3): 86 – 92.

[227] Renders, A., Gaeremynck, A., & Sercu, P. Corporate – Governance Ratings and Company Performance: A Cross – European Study [J]. Corporate Governance: An International Review, 2010, 18 (2): 87 – 106.

[228] Reddy, K., Locke, S., & Scrimgeour, F. The Efficacy of Principle – Based Corporate Governance Practices and Firm Financial Performance: an Empirical Investigation [J]. International Journal of Managerial Finance, 2010, 6 (3): 90 – 219.

[229] Sapienza, H. J. When do Venture Capitalists Add Value? [J]. Journal of Business Venturing, 1992, 7 (1): 1 – 9.

[230] San Martin Reyna, J. M., Duran Vazquez, R., & Valdes, A. L. Corporate Governance, Ownership Structure and Performance in Mexico [J]. International Business Research, 2012, 5 (11): 12 – 27.

[231] Sorensen, M.. How Smart is Smart Money? A Two – Sided Matching Model of Venture Capital [J]. Journal of Finance, 2009, 62 (6): 2725 – 2762.

[232] Stulz, R. M. Managerial Control of Voting Rights: Financing Policies and the Market for Corporate Control [J]. Journal of Financial Economics, 1988, 20 (1/2): 25 – 54.

[233] Suchard, J. Tthe Impact of Venture Capital Backing on the

Corporate Governance of Australian Initial Public Offerings [J]. Journal of Banking & Finance, 2009, 33 (4): 765 – 774.

[234] Swamy, V. Corporate Governance and Firm Performance in Unlisted Family Owned Firms [J]. International Journal of Business Insights & Transformation, 2011, 4 (2): 37 – 52.

[235] Toudas, K. Does Corporate Governance Framework Affect the Levels of Performance of the Listed Firms on the Athens Stock Exchange? An Empirical Study [J]. Corporate Ownership and Control, 2009, 7 (1): 18 – 24.

[236] Van Frederikslust, R. I., & Van Der Geest, R. A. Initial Returns and Long – Run Performance of Private Equity – Backed Initial Public offerings on the Amsterdam Stock Exchange [J]. Journal of Financial Transformation, 2004 (10): 121 – 127.

[237] Viviani, D., Giorgino, M., & Steri, R. Private Equity – Backed IPOs and Long – Run Market Performance Analysis of Italian Firms [J]. Journal of Private Equity, 2008, 11 (3): 50 – 60.

[238] Wang, L., & Wang, S. Cross – Border Venture Capital Performance: Evidence from China [J]. Pacific – Basin Finance Journal, 2011, 19 (1): 71 – 97.

[239] Wang, K., Chiang, C., & Tung, C. A Study on the Relationship between Corporate Governance and Financial Performance from the Perspective on Enterprise Successor Selection [J]. Actual Problems of Economics, 2013, 140 (2): 172 – 182.

［240］Yasser, Q. R. Corporate Governance and Performance of Pakistani Listed Companies: A Case Study of Sugar Sector ［J］. International Journal of Research In Commerce and Management, 2011, 2 (7): 23 - 30.

［241］Zheka, V. Corporate Governance, Ownership Structure and Corporate Efficiency: The Case of Ukraine ［J］. Managerial & Decision Economics, 2005, 26 (7): 451 - 460.

后　记

莺飞草长，柳绿花红，又到了阳春三月。时间飞逝，转眼间博士毕业已经四年了。本书是在我的博士论文的基础上修改而成的。

感谢我的博士生指导老师张蕊教授。张老师高尚的师德、严谨的治学态度等方面都对我产生非常大的影响。张老师不仅是我学业上的恩师，更是我人生的楷模。值此论文出版之际，谨向恩师张老师致以深深的敬意和最诚挚的感谢！

感谢我的硕士生导师方宝璋教授一直以来给予我的关心、帮助和鼓励！

感谢我的工作单位江西经济管理干部学院给予了良好科研环境、经费等方面的支持，本书才能够顺利出版！

感谢我的父母、妻子、妹妹等亲人对我工作的理解和帮助！

最后，向所有关心我和帮助我的良师、同学、朋友表示我最衷心的感谢和祝福！

毛剑峰

2019 年 3 月